重庆理工大学科研启动基金资助项目

市场化发展、环境不确定性与企业现金持有研究

SHICHANGHUA FAZHAN，HUANJING BUQUEDINGXING
YU QIYE XIANJIN CHIYOU YANJIU

张　翔◎著

中国财经出版传媒集团

经济科学出版社
Economic Science Press

图书在版编目（CIP）数据

市场化发展、环境不确定性与企业现金持有研究／
张翔著． --北京：经济科学出版社，2022.10
ISBN 978 - 7 - 5218 - 4188 - 6

Ⅰ．①市…　Ⅱ．①张…　Ⅲ．①上市公司 - 现金管理 -
研究 - 中国　Ⅳ．①F279.246

中国版本图书馆 CIP 数据核字（2022）第 205630 号

责任编辑：杜　鹏　常家凤　刘　悦
责任校对：易　超
责任印制：邱　天

市场化发展、环境不确定性与企业现金持有研究
张　翔/著
经济科学出版社出版、发行　新华书店经销
社址：北京市海淀区阜成路甲 28 号　邮编：100142
编辑部电话：010 - 88191441　发行部电话：010 - 88191522
网址：www. esp. com. cn
电子邮箱：esp_bj@ 163. com
天猫网店：经济科学出版社旗舰店
网址：http://jjkxcbs. tmall. com
固安华明印业有限公司印装
710 × 1000　16 开　7 印张　120000 字
2022 年 10 月第 1 版　2022 年 10 月第 1 次印刷
ISBN 978 - 7 - 5218 - 4188 - 6　定价：41.00 元
（图书出现印装问题，本社负责调换。电话：010 - 88191545）
（版权所有　侵权必究　打击盗版　举报热线：010 - 88191661
QQ：2242791300　营销中心电话：010 - 88191537
电子邮箱：dbts@ esp. com. cn）

前　言

　　企业的现金持有包括企业所持的现金及交易性金融资产，对公司的投融资决策有着至关重要的影响。自 20 世纪 90 年代后期开始，美国企业现金持有出现了大幅的上升。数据显示，1980～2006 年，美国上市企业的平均现金资产比以每年 0.46% 的速度递增，从 1980 年的 10.5% 增加到 2006 年的23.3%。与美国企业类似，自 2000 年之后，中国上市企业的现金持有量也出现了大幅上升，上述现象引起了学术界的广泛关注，现金持有也成为公司金融领域重要的话题之一。企业现金持有上升的主要原因是内部代理问题以及所面临的不确定性，超额的现金持有也可能带来过低投资的问题，研究企业现金持有的影响因素对缓解企业的内部代理问题、过低投资问题以及提升企业外部融资能力有着较为重要的现实意义。

　　首先，当前有大量研究探索了宏观经济因素的影响，特别是市场化发展对企业现金持有的影响，但现有研究对市场化发展的影响机制尚未取得统一的结论，缺乏较为全面、清晰的认识。其次，市场化发展带来了行业竞争程度的较大改变。现有文献对行业竞争的影响机制鲜有研究，对市场竞争的行业差异也缺乏深入的分析。最后，目前关于不确定性对企业现金持有的影响主要基于企业内部以及国内宏观经济两个方面，忽略了来自国际市场的不确定性，特别是国际能源市场的不确定性对宏观经济以及企业投融资决策的影响。

　　本书的主要研究发现可以概括为以下三个方面。

　　第一，本书对市场化发展与现金持有之间的关系进行了再检验。研究发现，市场化发展对现金持有的影响并不能用政府干预效应来解释，融资约束缓解效应是市场化发展影响现金持有的主要原因。同时，市场化发展与企业现金持有之间呈现显著的倒"U"型关系。当市场化发展水平较低时，由于监管和惩罚机制的不完善，腐败程度较高，企业为了寻求政治利益会增加现金持有；当市场化发展水平较高时，监管和惩罚机制逐步完善，腐败程度降低，此时融资约束缓解效应起主要作用，因此企业现金持有会随市场化发展而降低。此外，对国有企业或者总资产较大的企业而言，市场化发展对企业现金持有的影响较为有限。

第二，本书研究了行业竞争对企业现金持有的影响。实证结果表明，现金持有与行业竞争之间的关系是非线性的。行业竞争较弱时，企业投资会随着竞争的增加而增加，企业将减少现金持有为投资融资；而行业竞争较强时，企业投资会随着竞争的增加而降低，进而增加现金持有。同时，分位数回归的结果显示，随着企业现金持有的升高，行业竞争对现金持有的影响呈现上升的趋势。但是，行业竞争对现金持有的影响在国有企业中有所缓解，总资产较大的企业也较少受到行业竞争的影响。

第三，本书从理论上分析了石油价格不确定性对企业现金持有的影响机制，并对其进行了实证检验。结合实物期权理论和融资优序理论，本书构建了从石油价格不确定性到企业投资再到企业现金持有的作用机制。实证结果表明，当石油价格不确定性较低时，等待期权价值较高，因此，企业会减少投资进而增加现金持有；当石油价格不确定性较高时，成长期权的价值更高，企业会增加投资进而减少现金持有。最后，对国有企业及市值较高的企业来说，石油价格不确定性的影响较弱。

本书是我对攻读博士学位期间和工作期间学术成果的系统性总结，企业现金持有问题一直是我长期关注的重点，并在这一领域形成了一系列科研成果，发表在 *International Review of Financial Analysis*、*Energy Economics*、*Accounting & Finance* 等国内外权威期刊上。本书的形成离不开我的博士生导师——张宗益教授的悉心指导。张老师渊博的学识、深邃的学术思想、睿智而严密的科研思路、严谨的治学态度、忘我的敬业精神和宽厚待人的品德都潜移默化地影响了我，使我终身受益。感谢重庆理工大学会计学院阎建民书记、王波院长、何雪峰院长和程平院长的无私帮助，以及重庆理工大学给予的资金支持。感谢重庆理工大学会计学院王苓莹同学在本书校稿过程中提供的帮助。

张　翔
2022 年 5 月

目　　录

第1章 绪　　论

1.1　研究背景及问题的提出

　　企业的现金持有包括企业所持的现金及交易性金融资产，它对公司的投融资决策有着至关重要的影响。美国企业在 20 世纪 90 年代后期开始，企业现金持有出现了大幅的上升。影响企业现金持有的因素主要被分成四类：交易动机、代理动机、预防动机和税收动机，而现有研究的注意力集中于对代理动机和预防动机的探讨。自 2000 年之后，中国上市企业的现金持有量也出现了大幅的上升。在新的形势下，研究中国企业现金持有的影响因素有着重要的意义。当前有大量研究着眼于宏观经济因素的影响，中国经济正处在经济改革的重要阶段，研究宏观经济因素对企业现金持有的影响可以为宏观经济政策的制定提供有力的依据，有着重要的理论与现实意义。

　　（1）从宏观的角度看，市场化发展对企业的投融资决策有着重要的影响，进而影响企业的现金持有。市场化发展可能通过两个渠道影响企业现金持有：首先是政府干预效应渠道，由于存在腐败现象，企业会降低现金持有来降低被干预的概率，市场化发展可以降低腐败，进而增加企业的现金持有。其次是融资约束渠道，市场化发展可以有效改善企业的外部融资环境，降低企业的融资成本，进而降低企业的现金需求。另外，市场化发展还可以有效缓解企业内部的代理问题，降低管理层对个人利益的过分追逐，进而降低企业的现金持有，因此，市场化发展也可以通过融资约束渠道降低企业的现金持有。通过对上述机制的梳理可以发现，两种渠道对现金持有的影响相悖，若是无法对市场化发展的影响机理有正确的认识，则可能导致相应的经济政策无法达到预期的效果。可见，深入研究市场化发展的影响机理有着较为重要的现实意义，可以给政策制定者提供有力的理论依据。

（2）行业竞争对企业的现金持有也会产生较大的影响，值得深入研究。随着中国市场化的发展，产品市场的竞争不断增强。如今，市场已经成为价格体系与经济行为的最重要决定因素。中国已经逐步建立起了竞争政策框架，对企业准入和准出的管制也得到显著的改善。随着一系列文件的出台，国有企业的混合所有制改革也正在深化，国有资本、集体资本、非公有资本等交叉持股和相互融合进一步加深。同时，虽然我国正在进行所有制改革，但在部分行业中仍然以国有企业为主，效率不高，导致这些行业竞争性不强。可见，虽然整体市场竞争环境在逐步改善，但是竞争程度仍然存在较大的行业差异。在此背景下，研究行业竞争对企业现金持有的影响机制对深刻理解市场机制对企业微观决策的传导路径及相关政策制定有着重要的意义。此外，不同的市场组织形式下，上述影响机制是否存在差异，也是一个有必要研究的问题。

（3）市场化发展可以通过调节政府干预效应进而影响企业现金持有。以往的研究多从理论上阐述了该现象的形成机制并实证检验了该现象的存在性。若干预现象存在，企业为了避免资产被干预，会减少现金持有，或将现金投资于固定资产，这会导致企业存在过低投资的问题。但如何才能减弱这种现象呢？这在现有研究中鲜有涉及。在此背景下，本书将从市场化发展的角度对该问题进行研究。本书对研究如何通过政府行为缓解企业过低投资问题有着重要的意义。

（4）来自国际能源市场的影响也不能忽视。除了市场化发展等宏观因素外，现有研究中也忽略了来自国际能源市场的影响，特别是国际原油市场。作为被广泛使用的资源，原油是世界上最重要的资源之一，因此，其价格的不确定性对经济有着关键的影响。这种影响不仅体现在宏观经济的多个层面，包括消费、总产出、经济政策不确定性、支出分散以及消费价格指数的不一致等，也体现在企业微观决策层面，包括企业的投资决策。因此，石油价格不确定性对企业现金持有的影响值得深入研究。本书将详细梳理石油价格不确定性影响企业现金持有的传导机制，为该领域的研究提供新的文献补充。

1.2　研究目的与研究思路

1.2.1　研究目的

（1）本书将从宏观经济转型的角度出发，研究市场化发展对于企业现金持有的影响。本书将详细梳理市场化发展对企业现金持有的作用机制，重点着眼于市场化发展的阶段特性，深入研究在不同的市场化发展水平下，其对企业现金持有的影响机制的差异性。

（2）本书将基于经济改革的行业特征，研究行业竞争对企业现金持有的影响。首先，本书将探讨行业竞争对企业现金持有的影响路径。其次，我国的市场竞争程度行业差异性较大，基于此，本书将进一步探索市场竞争的行业性差异导致的行业竞争对企业现金持有作用机制的改变，分析不同市场组织形式下企业投融资决策的差异。

（3）本书将深入研究石油价格不确定性对企业现金持有的影响。本书将结合实物期权理论与融资优序理论，构建石油价格不确定性对企业现金持有的影响路径并实证检验两者之间的作用机制。同时，重点考察石油价格不确定性与企业现金持有之间的非线性关系。

1.2.2　研究思路

（1）本书将对市场化发展与企业现金持有之间的关系进行再检验。由于分省份市场化指数在 2007 年以后指标体系出现了变化，2007 年前后的数据不可比，因此，本书将选取 2008 ~ 2016 年的分省份市场化指数作为市场化发展的指标。接下来，运用面板固定效应模型分析市场化发展对企业现金持有的影响，重点通过非线性模型研究不同水平下市场化发展对企业现金持有的差异性影响。最后，考察企业性质的差异带来的差异化影响。

（2）本书将分析行业竞争对企业现金持有的影响。基于投资与竞争的理论框架，本书选取赫芬达尔—赫希曼指数作为行业竞争的指标。由于我国上市企业的现金流数据从 1998 年开始发布，本书将使用中国上市公司 1998 ~ 2016 年的数据。然后，通过面板分位数回归模型，检验在不同水平下行业竞争对现金持有的影响。最后将该研究扩展至企业的异质性，研究该影响在不同企业中的差异性。

（3）本书将检验市场化发展对政府干预现象的调节效应。首先本书将验证政府干预效应，通过研究不确定性对企业现金持有的影响来验证是否存在干预效应。若该效应存在，进一步验证市场化发展是否会对不确定性和现金持有两者关系产生影响。若存在调节效应，则进一步研究该调节作用在不同企业之间是否存在差异。

（4）本书将研究石油价格不确定性对企业现金持有的影响。本书将选取隐性风险指数（OVX）作为指标来衡量石油价格不确定性，运用面板固定效应模型研究石油价格不确定性对企业现金持有的影响。同时，本书将结合实物期权理论和融资优序理论，分析石油价格不确定性与现金持有之间的非线性关系。最后将进一步检验企业的异质性。

1.3　研究意义与研究内容

1.3.1　研究意义

（1）学术意义。

第一，现有研究对市场化发展的影响机制并未有统一的结论，而且现有文献都假定该影响在不同市场化发展程度下是一致的。本书重新分析并实证检验了该影响机制，并创新性地分析了其在市场化发展的不同阶段下的差异。本书的研究是对企业现金持有研究领域有益的补充，有着重要的学术意义。

第二，现有文献鲜有研究行业竞争对企业现金持有的影响。本书将对该影响机理进行深入的研究，从理论上梳理了由行业竞争到企业投资再到现金持有的影响路径。同时，考虑到我国复杂的所有权结构以及不同行业中市场竞争的差异性，本书也将对两者的非线性关系进行深入研究。本书对相关领域的研究提供了新的文献补充，弥补了现有研究的不足。

第三，本书也对石油价格不确定性的影响进行分析，其影响在现有文献中被忽略。本书从宏观的角度将国际能源市场的影响引入企业现金持有的研究中，石油作为全球最广泛使用的资源之一，其价格波动对企业的投融资决策有着重要的作用。本书的研究深化了学术界对石油价格不确定性的认识，同时丰富该领域的研究文献。

（2）现实意义。

第一，本书的实证研究发现了市场化发展对企业现金持有的倒"U"型影响，这表明不同的市场化发展程度下其影响是有差异的。可见，从企业现金持有的角度看，不同发展程度的省份在制定政策时侧重点应有所不同。本书的发现为政府相关政策的制定提供了理论与证据支持，具有一定的政策启示意义。

第二，本书的研究探讨了如何减弱政府干预效应，结果表明，市场化发展可以有效地降低政府干预，从政府行为的角度为缓解企业的过低投资问题提供了有力的政策依据。

1.3.2　研究内容

第1章为绪论，主要阐述研究背景、研究目的、研究思路、研究意义、研究内容以及创新之处。

第2章为企业现金持有的国内外研究述评。首先，对企业现金持有的相关文献进行梳理，特别是关于代理动机与预防动机；其次，总结了国内外研究现状。

第3章研究了市场化发展对企业现金持有的影响。本章通过实证分析发现，市场化发展降低了企业持有现金的需求；更发达的市场化程度带来了更好的投资者保护、知识产权保护和更好的法律环境，同时也降低了企业外部融资成本、改变了企业融资约束。另外，本章还发现市场化发展对现金持有的影响是非线性的：当市场化发展水平较低时，企业现金持有随着市场化发展的升高而升高；而当市场化发展持续加强，超过某一临界值之后，企业现金持有随着市场化发展的升高而降低。同时实证结果也表明，市场化发展对国有企业和规模较大的企业影响较小。

第4章研究了行业竞争对企业现金持有的影响。本章研究发现，行业竞争导致企业增加投资，基于融资优序理论，企业将减少所持有的现金。因此，现金持有随着竞争的加剧而降低。同时，我国市场竞争的行业差异性较大，当行业竞争较高时，企业现金持有会随着行业竞争的增加而降低；当行业竞争较低时，企业现金持有会随着行业竞争的增加而增加。另外，分位数回归的结果表明，行业竞争对现金持有的影响会随着现金持有的增加而呈现递增的趋势。最后，对于国有企业来说，行业竞争加剧带来的影响会减弱，同时对于规模更大的企业亦是如此。

第5章研究了石油价格不确定性对企业现金持有的影响。本章结合实物期权理论和融资优序理论，实证研究了石油价格不确定性对企业现金持有的影响。研究结果发现，石油价格不确定性对企业现金持有的影响是非线性的，当石油价格不确定性较低时，等待期权的价值更高，企业会降低投资进而增加现金持有；当石油价格不确定性较高时，成长期权的价值更高，企业会增加投资进而降低现金持有。对市值较高的企业和国有企业来说，石油价格不确定性对现金持有的影响较弱。

第6章为结论、展望与建议。本章总结了本书的主要研究工作，并对进一步的研究方向和研究工作提出展望，最后提出了相应的政策建议。

本书的研究框架如图1.1所示。

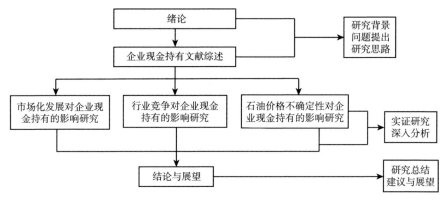

图 1.1　本书研究框架

1.4　本书的创新之处

（1）从宏观经济发展的角度，将市场化发展对企业现金持有的影响路径进行了详细的梳理和分析。重点从市场化发展的不同阶段切入，详细研究了不同阶段下市场化发展对企业产生的不同的影响，并进一步研究上述影响导致的企业投融资行为的差异。该视角与现有研究有较大的不同，现有的研究都假设市场化发展对企业现金持有的影响不会随着市场化发展而改变，忽略了不同市场化发展程度下政府行为对企业影响的差异性。本书的研究从理论上分析了市场化发展对现金持有的影响机制，并实证检验了该机制，研究结论对相关的政策制定有着重要的意义，为我国的经济改革以及金融市场化发展提供了有价值的参考依据。

（2）学术界对行业竞争与企业现金持有之间的关系鲜有研究，本书对该领域做出了补充。首先将行业竞争对企业现金持有的影响机制重新进行了梳理和分析。从企业投资的角度出发，构建了行业竞争到企业投资再到企业现金持有的影响路径。其次重点分析了不同的行业竞争水平下企业的投融资行为的变化。我国的市场化发展过程中，市场不断开放、民营经济不断发展壮大、所有制改革持续推进，大部分行业已经形成了价格机制的市场竞争环境。但是，在一些行业中，仍然以国企为主，垄断性经营现象较为突出。本书通过中国上市企业的全样本数据对上述不同竞争环境下的企业投融资行为进行了实证检验，从企业现金持有的视角，对我国的企业所有制改革及市场机制的设计等方面提供了政策依据。

（3）本书进一步丰富了政府行为与企业现金持有关系的研究。政府的干预效应使政府行为对企业的投融资决策产生了负面的影响，但是如何减弱这种负面的影响，现有文献鲜有涉及，本书对该问题进行了详细的探讨。从市场化发展的角度出发，本书进一步分析了市场化发展对政府干预效应的调节机制，并实证验证了市场化发展对政治不确定性与企业现金持有之间关系的调节效应。最后对该调节效应的异质性进行了考察。本书从市场化发展的调节效应的角度对政府干预效应的研究提供了新的文献补充，深化了该领域的研究。

（4）本书进一步从不确定性角度分析企业现金持有的影响因素。本书将石油价格不确定性引入企业现金持有的研究中，为该研究提供了新的视角。以往的学者主要关注于国内宏观的不确定性，包括政治不确定性和经济政策不确定性，但是忽略了来自国际能源市场的不确定性，特别是石油价格不确定性。本书基于企业投资的视角，从理论上总结和提炼了石油价格不确定性对企业现金持有的作用机制。同时，基于实物期权理论，对该作用机制在不同的石油价格不确定性水平下的变化进行了详细的研究并进行了实证验证。本书的研究结论对实物期权理论和融资优序理论提供了有力的证据，为现有的企业现金持有的研究做出了必要的补充。

第2章 企业现金持有的国内外研究述评

企业所持有的现金主要包括现金及可交易性金融资产，对企业来说至关重要，与企业的投融资决策、公司治理、资本结构等方面息息相关。美国企业在 20 世纪 90 年代后期开始，出现了企业现金持有大幅上升的现象。自 2000 年之后，中国上市企业的现金持有量也出现了大幅上升。现金持有的大幅波动引起了学术界的广泛关注，成为公司金融领域重要的话题之一。

2.1 企业持有现金理论概述

企业资产负债表中是否存在最优流动资产持有比例呢？作为企业的管理者来说，其目的是股东利益最大化，因此，管理层需要将公司现金水平设定在一个平衡点上，使得现金持有的边际成本等于其边际收益。持有流动性资产的成本主要包含两个方面：一方面是流动性溢价导致的流动性资产收益率较低；另一方面是税收劣势导致的流动性资产收益率较低。与此相对应的是，持有流动性资产也具有一定益处，主要体现在两个方面：一方面是可以节省交易成本，在需要支付的时候无需将资产进行变现；另一方面是在当没有其他资金来源或者外部融资成本过高时，企业可以用流动性资产来进行投资活动。

持有流动性资产的第一个益处也被称为交易成本动机，第二个益处被称为预防性动机。通过比较持有流动性资产的优点和缺点，从股东财富最大化的角度出发，似乎可以判断企业是否持有过多的现金。但是，通常情况下股东和管理层在看待流动性资产的成本和收益的时候是存在分歧的，由此产生第三个持有流动性资产的动机，即代理动机。代理动机可以解释为何企业没有持有股东的利益最大化时的现金数量，原因在于管理层希望持有大量的现金，以便于在降低企业风险的同时增加管理层的决策权。

除此之外，现金持有理论的另一种观点认为没有最优的现金持有量。该观点认为现金持有是无关紧要的决策行为，因为如果一个企业所持有的现金增量都是由增加负债所得来的，那么对于企业而言效果没有发生任何改变。如果相信一个企业有最优资本结构的话，那么这个最优的资本结构应该是最优的净负债，即负债减去现金。因此，没有最优的现金持有量的原因可以归结为现金是负的负债。这一解释同样适用于融资优序模型。根据融资优序模型，一个企业的杠杆，可以定义为使用净负债会被动地对公司内部资金做出反应。当一个公司积累内部资金时，其杠杆会随之下降。企业会避免发行股权，因为逆向选择成本使得股权融资异常昂贵。当企业持有内部资金有盈余的时候，会积累现金并偿还到期的债务。当内部资金赤字的时候，企业减少现金而增加负债。基于该观点，内部资源的改变是现金持有改变的主要原因，但事实是企业是否用内部资源来积累现金或者偿还债务是无差异的。在投资决策没有限制的时候，企业仅仅是用现金流来增加现金，除非企业有债务需要偿还。

数据显示，1980～2006 年美国上市企业的现金持有量出现了大幅增长，平均现金资产比以每年 0.46% 的速度递增，从 1980 年的 10.5% 增加到 2006 年的 23.3%，其增幅超过 2 倍。

为什么美国企业的现金持有量会出现大幅增加？其中一个解释是，其他情况都不变时，当企业没有好的投资机会并且管理层不愿将现金转回给股东时，存在代理问题的企业会积累现金。如果不存在代理问题，自 20 世纪 80 年代以来，信息和金融科技的发展会使得企业现金持有下降，例如，由于多种衍生工具的发展，企业可以更有效地对冲风险，因此，对现金的预防性需求会比二十年前更低。

现金持有的增加同样对理解美国企业的杠杆有着重要的启示。大量金融类文献用债务总资产比或者债务权益比来衡量杠杆。如果使用该定义，在样本区间内企业的平均杠杆并没有明显的下降。但是如果使用净债务比，即前述提到的债务减去现金（该指标是从业者更常使用的指标），该指标则会出现大幅的下降，下降的原因可以用现金持有的持续上升来解释。

若将企业按照其规模进行划分，可以发现，对于大型企业的现金持有来说，其平均现金比例的上升不能被现金的变化所解释。大企业近年来累积了大量的现金，平均现金比在所有的分位点都呈正向的时间趋势。虽然美国企业有很多海外的收益，但是没有海外收入的企业的现金比率也出现了大幅上升。

现金持有的上升也与分红的消失及新上市现象密切相关。在 20 世纪 80 年代，没有分红的企业与分红的企业有相同的平均现金比率。对于不分红的企业，存在明显的现金持有和净负债的时间趋势，但是对于分红的企业，这些变量却没有时间趋势。到 2000 年之后，不分红企业的平均现金比率相比之前超过了 2 倍。而且，1980 ~ 2006 年这些企业的平均净负债比例也大幅下降，均值从 19.3% 下降到了 5%。

未分红企业的现金持有上升的一个可能的解释为预防性现金需求理论。该理论下，企业持有现金作为缓冲来保护自己不受逆向现金流冲击。自 1980 年以来，企业的异质性风险有明显的增加。若将行业按照异质性现金流风险进行排序，可以发现，在异质性风险上升最小的行业，企业的平均现金比率的增幅小于 50%，但是在异质性风险上升最高的行业，现金比率的增幅接近 300%。

接下来，现金持有的增加也可能是由于企业特征的改变，现金持有与企业特征相关性的改变，也可能是由于跟企业特征无关的现金的需求曲线有所移动。换句话说，现金持有的改变既可能是企业沿着现金的需求曲线移动导致的，也可能是需求曲线本身移动导致的。

奥普勒等（Opler et al.，1999）和贝特斯等（Bates et al.，2009）对企业现金持有研究做出了开创性贡献，他们对上述问题进行了深入的分析和总结。奥普勒等（1999）较早地对企业现金持有问题进行了系统性的分析和研究，贝特斯等（2009）较早观测到美国上市企业现金持有出现了大幅增加并对其原因进行了深层次的探索。最终，他们提出了总共四类现金持有的动机：交易动机、预防动机、税收动机以及代理动机。一是交易动机。交易动机相对简单，企业为了减少将非现金金融资产转换为现金的成本而持有现金。由于交易动机下存在规模经济问题，因此大企业持有更少的现金。二是预防动机。当进入资本市场的成本很高时企业会持有现金来应对逆向冲击。因此，现金流风险更高和外部融资困难时，企业会增加现金持有。有更好投资机会的企业也会持有更多的现金，因为逆向冲击和融资约束对他们来说成本更高。三是税收动机。对于美国企业来说，从海外将收益转回国内会产生税务责任，因此，这类企业会持有更多的现金，特别是对收益转回后税收责任最高的那些分公司。所以，跨国企业更可能持有更多的现金。四是代理动机。当没有好的投资机会的时候，强势的管理层会选择保持现金而不是增加分红给股东，这些可自行决定的现金是在考虑交易动机和预防动机后产生的超额现金。这四类动机对企业的现金持有有着不同的启示和结果。由于产生交易动机和税收动机的原因相对简单，上述研究已经对这两种动机做出了完整的分析。本章接下来的两节会对代理动机和预防动机进行详细的论述。同时，现有文献也对这四类动机以外的其他影响因素进行了研究，比如政府质量、官员腐败、现金持有对研发投入的敏感程度，等等。此外，由于金融机构的特殊性，现有研究在样本选择时大多排除了金融机构，也有文献对保险公司的现金持有问题进行了专门的研究。对其他因素的综述在本章的第四节。

2.2　企业持有现金的代理动机

2.2.1　公司治理

公司治理结构以及公司治理质量都对企业现金持有有着显著的影响。哈福德等（Harford et al.，2008）提出支出假说，即自私的管理层为了达到公司扩张的目的，会尽快地支出所形成的超额现金。同时，实证结果表明，治理结构较弱的公司倾向于持有更少的现金，当管理层累积了超额现金之后，会通过并购或其他方式尽快处理掉现金。布伊扬和胡克斯（Bhuiyan and Hooks，2019）从问题董事的角度研究了公司治理结构对现金持有的影响。研究结果指出，如果公司董事会中存在问题董事，会降低董事会在现金持有以及投资决策上对于管理层的监管能力。同时，从委托代理的角度来看，问题董事也可能对股东们产生很多的影响，比如分红、收益波动的增加、投资决策的风险增加。另外，较弱的公司治理结构也会导致公司信息披露较差，进而限制了企业以最佳的成本获得外部融资的能力。因此，问题董事的存在会使得企业对现金有更高的需求。迪特马尔和马哈特·史密斯（Dittmar and Mahrt-Smith，2007）从投资者的角度研究了公司治理结构对企业现金价值的影响，即所持现金在股价上的反映。研究结果表明，超额现金较多以及治理较弱的企业通常带来较差的经营业绩。如果该企业的治理较弱，带有大量超额现金的企业的会计收益会显著地减少。若该企业的公司治理较强，大额现金对经营业绩的负向影响会被抵消掉。因此，较强的企业治理会带来更高的现金价值。

作为公司治理中重要的组成部分，公司所有权结构也对现金持有产生了重要的影响。大量文献对该问题进行了细致的研究。管理层持股可以让股东与管理层的利益达成一致，管理层倾向于达到价值最大化而且减少成本过高的决策。由于持有现金的成本很高，因此，管理层持股与现金持有之间呈现相反变化的关系。同时，股东与管理层的利益一致性也可以有效地降低委托代理成本，进而提高企业获得外部融资的能力，这样进一步降低了企业持有现金的需求。但是这种关系可能并不是单调变化的，随着管理层持股比例逐步升高，外部股东对于管理层的监督职能逐渐降低。当比例足够高时，管理层对公司拥有直接控制权，因此其抵抗外界压力的能力逐渐上升，较强势的管理层可能选择持有更多的现金来追逐其个人的兴趣而无需担心被替代。因此，当管理层持股比例较高时，管理层持股与现金持有之间可能呈现正相关的关系。奥兹坎和奥兹坎（Ozkan and Ozkan，2004）通过对英国的上市公司进行研究发现，管理层持股与现金持有之间存在非单调性的关系，管理层持股比例较低时，企业持有的现金随着持股比例的上升而减小；当管理层持股比例较高时，企业持有的现金随着持股比例的上升而上升。

关等（Kuan et al.，2012）对超额控制权进行了研究。他们发现，处理超额现金使得代理问题会随着超额控制权的增加而增加，而超额控制权容易产生道德风险问题，使得控股股东有能力和动机从公司中掠夺财富。股东允许公司持有更多的现金并投资于有价值的项目并且避免较高成本的外部融资。因此，在持有现金较低的公司，较低的超额控制权会带来更高的现金持有量。另外，在现金持有量较大的企业中，如果股东对管理层的控制效率低，则管理层可能出现过度投资的情况进而损害股东的利益。因此，在所持现金较高的企业，较低的超额控制权会带来更低的现金持有量。此外，该研究还对家族企业进行了分析。当企业现金持有量较低时，在家族控股企业中，若其CEO是家族成员，则企业会倾向于增加现金持有来应对未来的投资机会以及资本市场规则的灵活性；反之，当企业现金持有量较高时，若其CEO是家庭成员，该家族企业倾向于持有更少的现金，因为管理者会更多地追逐其个人兴趣，导致在不必要的支出和不盈利的投资中投入过多。

中国的上市公司中，所有权结构有其特殊性，其中有大量的企业属于国有企业。麦金森等（Megginson et al.，2014）对这些企业的行为进行了研究。在中国，国有股份一直与低效率和绩效差相联系，其主要原因在于国有企业相比民营企业存在很强的软预算约束效应。较高的国企占比带来更强的软预算约束效应，而更强的软预算约束效应带来更多的代理问题。当代理问题较大时，管理层会利用公司资源来满足个人兴趣，并且可能投资于符合政策导向的项目而非净现值最大的项目。管理者更容易控制的资源就是流动性资产，因而国有股份越高的企业持有的现金量越低。安德森和哈马迪（Anderson and Hamadi，2016）运用比利时的上市公司数据，研究了股权集中度与现金持有的关系。研究表明，在控制型公司体系中，当外部融资较困难时，现金可以作为较好的缓冲来应对重要的融资决策以及可能产生的恶意收购。当股权集中度较高时，股东对管理层可以进行有效的控制和监管，减少因委托代理问题而产生的负面影响，进而有效控制企业资源，增加企业的现金储备。同时，他们也研究了管理层持股与现金持有的关系，但是与奥兹坎和奥兹坎（2004）的结论相反。安德森和哈马迪（2016）认为两者无关，因为股东给予管理层股份是为了激励管理层更大的努力程度，并不会影响流动性资产的决策。

2.2.2　过低投资

大量的研究关注于企业中的过低投资问题。对股东的分红会引起管理层与股东之间的利益冲突，分红后公司高管对资源的控制权降低。因此，当企业面对较差的投资机会时，管理层倾向于不增加分红给股东，进而累积超额现金（Jensen，1986）。但是，哈福德（Harford，1999）指出，通过累积现金，公司高管可以增加企业的价值，原因在于即使在现有现金流水平不足以满足投资需求的时候，累积的现金也可以保持公司对于投资的融资能力。因此，公司管理层维持高额的现金水平可以有效降低过低投资的问题，是对股权所有者有益的一种行为。哈福德（1999）还发现，现金充裕的企业倾向于尝试并购，而股价收益的证据也表明现金充裕企业的并购是价值递减的。对于所持的每多一美元现金来说，现金充裕的投标者会降低 7 美分的价值。同时，现金充裕的企业更倾向于做分散性并购，而其目标也较少可能吸引其他的竞标者。此外，有研究表明，对于存在过低投资问题的企业来说，CEO 的过度自信对现金价值有正向的影响（Aktas et al.，2019）。

2.2.3　股东权利保护

股东权利保护对企业现金持有也有着重要的作用。迪特马尔等（Dittmar

et al.，2003）通过对来自 45 个国家的 11000 家企业的研究发现，在股东权利保护较差的国家，企业的现金持有量高于在股东权利保护较好的国家的企业现金持有量两倍左右。原因可能有两种：一种解释是，当股东的权益保护较差时，对股东财产较少关心的管理层会累积现金，并将其投资于净现值（NPV）为负的项目或者超额并购；另一种解释是，在股东权利保护较差的国家，资本市场对于新的融资是不太接受的，因此，企业偏向于持有更多的现金。也有学者从公司价值的角度研究股东权利保护的影响。卡尔切瓦和林斯（Kalcheva and Lins，2007）指出，当股东保护较弱时，持有现金更多的企业拥有更低的公司价值。另外，在较弱的股东保护下，管理层分红可以带来更高的企业价值。该结果主要源于两方面的原因：一是较弱的股东保护经常伴随着更严重的代理成本问题；二是外部融资机会在股东保护较弱的国家更加受到限制。

2.2.4 高管薪酬

现有研究也表明高管薪酬也是影响企业现金持有的重要因素，风险厌恶的管理者通常会回避有风险的正净现值项目。基于股权的薪酬体系可以改变管理者对风险的厌恶程度，达到与股东的利益一致。管理者更高的风险承担激励会带来两个重要的影响：首先，当管理者的风险承担更高时，企业追求有风险的项目可能带来外部融资困难的问题，因此，为了对冲未来融资需求的风险，企业将会持有更多的现金；其次，对于债权人来说，由于 CEO 更高的风险承担的行为，债权人会要求企业持有更多的现金作为缓冲来抵销未来可能产生的损失。基于以上原因，对于 CEO 风险承担的激励与企业的现金持有量之间呈现正相关的关系。此外，由于债权人从超额的现金中获益的可能性更高，因此，CEO 风险承担与股东的现金价值之间存在负向的关系（Liu and Mauer，2011）。

然而，刘和摩尔（Liu and Mauer，2011）的研究主要依赖于将债券以及股东与债权人之间的冲突作为动机来解释两者之间的正向关系，但是这种解释对零债务以及负的净债务率的企业并不成立。由于存在大量的企业是零债务以及负的净债务率，因此，仅仅是刘和摩尔（2011）的债务动机的解释是不够的。基于以上原因，冯和饶（Feng and Rao，2018）指出，CEO 风险承担的激励与企业的现金持有量之间的正向关系也可以用管理层风险厌恶效应来解释。研究发现，在风险激励的薪酬体系下，公司管理者将会采用风险更高的决策，例如更多的研发投资、更大的公司目标以及风险更高的并购。在此情况下，管理者会尝试通过持有更多现金的方式，用风险更大的公司决策来抵消其个人的风险敞口。同时，随着风险激励薪酬的增大，这种抵消的欲望会更加强烈。

许（Xu，2013）从信息不对称的角度对上述问题进行了分析。研究发现，外部投资人与内部的信息不对称会让企业较难获得外部融资，而基于股权激励的薪酬体系会加剧这种不对称性问题。管理层会倾向于为现有的股东争取利益，并且管理层有较大的动机将财富从新的投资者手中转移给现有的股东，进而使得新的股东或选择拒绝提供资金，或选择要求更低的价格以及更高的收益。由此得出，基于股权激励的公司倾向于少利用外部融资，而多依赖于内部融资。因此，管理层股权激励会使得公司持有更多的现金。

基于风险厌恶假说，刘等（Liu et al.，2014）研究了 CEO 养老金及延迟支付对于企业现金持有的影响。当 CEO 的薪酬计划是养老金及延迟支付，即 CEO 以当下的工资换取未来的收益，而未来的收益的现值是不确定的。这类薪酬计划会将 CEO 置于企业的破产风险中，类似于 CEO 手中持有了该公司的风险较高的债券，导致 CEO 的行为更倾向于公司的债权人。同时，公司的现金作为企业最具流动性的资产，可以有效地降低企业资产的波动。基于上述原因，从风险厌恶假说来看，养老金及延迟支付计划的薪酬体系与企业现金持有之间呈现正向的关系。进一步地，随着企业杠杆的加深，两者之间的正向关系会进一步加强。

2.2.5　企业交叉上市

黄等（Huang et al.，2013）研究了交叉上市对企业现金持有的影响，研究指出，企业交叉上市对现金持有有正向的影响。其主要原因在于，企业在发达国家交叉上市可以带来更好的投资者保护，而投资者保护的质量可以有效地降低代理成本进而显著影响现金持有。同时，自新兴国家危机以来，若企业有更好的投资者保护，则投资者对其超额现金更加看重。此外，他们还发现，如果企业从投资者保护较弱的国家到投资者保护较强的国家交叉上市，那么交叉上市对现金持有的影响则会更强。古（Gu，2017）则对美国企业的交叉上市进行了研究，通过建立了一个包含企业有形及无形投资、跨境决策以及财政政策的动态结构模型，运用模拟矩估计法（Simulated Method of Moments），研究发现，美国的跨国企业相比于国内的本土企业持有更多的现金。当遭返成本为零时，这种所持现金的差异会降低42%，因此，高昂的遣送成本催生了离岸现金累积。

2.2.6 其他代理动机

影响代理问题的其他因素也有大量的研究。主要是企业的会计质量。黄等（Huang et al.，2015）对内部控制质量进行了研究。内部控制的质量问题可能带来严重的后果，比如逆向选择的增大以及道德风险。会计手册上的内部控制的无效性使得管理者错误地展示了公司内部的财政状态，以便于任期内寻租以及其他干预行为。同时，面对外部投资者时，内控较弱也会带来过度估值的风险，进而可能显著提升资本成本。此外，内控较弱时，代理问题也会更加严重。综上所述，内控不足与逆向选择和道德风险所带来的高额成本是密不可分的。因此，就现金持有而言，无效的财务报表的内部管理可能同时具有更高的谨慎收益和更高的代理成本。实证结果表明，内控不足的企业的现金价值会更高，换句话说，现金价值的预防收益高于其代理成本。现有研究中，会计质量也常被用作信息不对称的一种指标，其中的一个重要的内容就是盈利质量（Earning quality）。较弱的盈利质量会加剧信息不对称，同时增加企业外部融资的成本。因此，企业倾向于持有更多的现金作为缓冲来应对未来可能出现的资金短缺。另外一种可能性在于，当投资者观测到企业盈利质量较差时，企业可能希望通过持有更多的现金来增加投资者对于企业的信心，进而降低外部融资成本。基于上述原因，盈利质量较差的企业会持有更多的现金，法里尼亚等（Farinha et al.，2018）运用英国上市公司数据的实证研究结果也证实了该假设。

张（Cheung，2016）研究了企业社会责任影响企业现金持有的各个渠道。首先是异质性风险渠道。企业的社会责任可以看作是积累社会资本的方法，更多的企业社会责任对冲击有更好的吸收作用，较高的企业社会责任可以类似于保险一样保护企业，在危机时可以稳定供给与需求、增加对冲击的抵抗，以及加速恢复和可持续增长。因此，高社会责任的企业有更低的异质性风险，进而现金持有的需求较少。其次是系统性风险渠道。一般来说，社会责任较高的企业有更高的客户忠诚度，因此其需求的价格敏感度较低，同

时其利润对于经济基本面变化的敏感程度也较低，进而使得较高社会责任的
企业有更低的系统性风险，而系统性风险对现金持有具有两个不同的影响：
当企业的系统性风险更低时，企业在需要外部融资时的现金流大幅下降的可
能性较低，同时，系统性风险低的企业更容易获得银行贷款，所以高社会责
任的企业系统性风险低，现金持有更少。另外，系统性风险低的企业通常持
有更多的短期债券，这样的债务结构使得企业会面临一定的再融资风险，而
持有现金可以减弱拥有短期债务的企业的再融资风险。因此，高社会责任的
企业系统性风险低，现金持有更多。最后是公司治理渠道。从委托代理问题
的角度出发，强势的管理层会追求个人兴趣，比如累积现金或者企业社会责
任。因此，社会责任与公司治理负相关。另外，社会责任与公司治理也可能
正相关。一个广泛所知的框架 "Environmental, Social, and Corporate Govern-
ance"（ESG）是国际投资社区用来评价企业社会责任投资的指标，其中的一
个子项就是公司治理。该框架下，公司治理更强意味着企业社会责任得分越
高。因此，社会责任和公司治理存在相关关系，而公司治理又对企业现金持
有产生了很大影响。最后实证结果表明，企业社会责任主要是通过第二个系
统性风险的渠道产生作用进而影响现金持有，并且企业社会责任对现金持有
会产生正向的影响。

　　社会信用也对现金持有存在一定的影响。从预防性动机的角度来分析，
当股东认为企业的管理者较少值得信任时，或者外部投资者对其信任度不高
时，企业很难获得外部融资，较难进入资本市场。因此，为了保证足够的内
部资金去支持净现值为正的项目，企业需要增加现金持有量。从代理问题的
角度来说，股东担心管理层利用公司资源来支持对自己更有益的项目。为了
缓解上述问题，股东会对管理层施压，让管理层拿出现金，作为分红或者做
股票回购。因此，当社会信用度较低时，企业会减少现金持有。基于 54 个国
家的面板数据，达力和张（Dudley and Zhang，2016）实证研究发现，在低社
会信用的国家，企业倾向于持有更少的现金，可见，代理动机的解释度更强。
加利等（Ghaly et al.，2015）将员工福利与现金持有联系了起来。他们指出，
若企业给员工承诺了较好的福利，那么企业会通过保持大量金融资源的方式
完成对员工福利的承诺。企业的行为主要基于以下两个原因：首先，公司价
值取决于其履行承诺的声誉；其次，现代企业的性质已经逐步转变，人力资
源成为企业最具价值的资产之一，达到并保持对待员工的高标准开始变得越
来越重要。现代企业更多的是人力资源密集型，并且处在持续上升的竞争环

境中。竞争的加剧对创新和质量有更高的要求，所以企业更加需要完成对员工福利的承诺以此来加强员工的创新性努力。基于此，企业会通过相对保守的财政手段，即保持高水平现金，来释放一种信号，即企业有足够的现金来履行他们对现有及潜在员工的福利。实证结果也表明，员工福利水平较高的企业持有更多的现金。

2.3 企业持有现金的预防动机

2.3.1 经济政策不确定性

理论上来说，不确定性可能使企业的支出超过预期，因此，出于预防性动机，在面对不确定性时，企业倾向于持有更多的现金，通过增加现金来应对未知的需求。然而，现有研究的实证结果并没有得到一致的结论。部分文献的研究结果与上述推论一致，即当宏观经济政策不确定性增加时，企业会减少投资，增加现金持有量（Demir and Ersan，2017；Phan et al.，2019）。这类文献都使用了经济政策不确定性这一指标，该指标来源于贝克尔等（Baker et al.，2016），主要基于对测算国家的报纸杂志进行相关的文字抓取然后计算得出，该指标在各个领域都有广泛的应用。但是也有研究得出了不同的结论。许等（Xu et al.，2016）研究了政治不确定性对现金持有的影响。许等（2016）用政府领导更替来测度政治不确定性，研究发现，政治不确定性越高，企业持有越少的现金，主要原因在于政府的干预效应。由于存在机构发展水平较低等各种情况，政府会干预企业的利益分配，其中最容易获得的资源是流动资产，最具流动性的资产是现金。因此，当存在干预效应的时候，企业通常减少持有现金来缓解这种效应，并将现金转换为较难干预的资产，例如固定资产。刘和张（Liu and Zhang，2019）同样研究了经济政策不确定性对现金持有的影响，研究结果表明，经济政策不确定性与企业现金持有之间并不存在相关关系。该研究结论的差异可能来源于两个原因：第一，该文章中的因变量是现金持有的变化，而非现金持有占比；第二，该文章的研究方法不同，刘和张（Liu and Zhang，2019）并未使用 EPU 指标来测度经济政策不确定性，而是运用了拟自然实验的方法。他们以中国 2015 年进行的供给侧结构性改革为冲击，运用双重差分的方法研究改革前后企业的投融资决策的变化。

2.3.2　投资分散性

杜钦（Duchin，2010）的研究指出，投资分散性更强的企业持有更少的现金，因为这类企业在不同的投资机会中分散了资金。苏布拉马尼亚姆等（Subramaniam et al.，2011）同样对企业结构进行了研究，其研究结论与杜钦（2010）一致，分散型企业持有更少的现金。但苏布拉马尼亚姆等（2011）提出了三个不同的假设：第一，分散型企业的各个分支机构是相互关联的，尽管它们的成长机会可能不完全相关。因此，如果企业持有现金的目的是潜在的成长机会，那么分散型企业持有的现金将少于集中型企业。同时，分散型企业可以用一个项目的现金来支持另一个项目的投资需求。第二，相比于集中型企业，分散型企业可以通过出售更多的资产来融资。一般分散型企业的规模远大于集中型企业，它们拥有很多来自非核心部门的资产，因此，出售资产也是其重要的融资手段。第三，分散型企业可能也存在很强的代理问题，更具影响力的部门可能占有更多的资源，因而可能出现过度投资等问题，所以分散型企业可能持有更少的现金来减弱这种问题。唐（Tong，2011）研究了分散型企业的现金价值。正如苏布拉马尼亚姆等（2011）提出的第三个假设，企业的分散性会带来较大的代理问题。企业会将更多的资源分配给成长机会更好的部门，其中很重要的资源就是现金，管理者可以轻易地使用现金，并且更容易谋取私利。因此，唐（2011）指出，分散型企业的现金价值低于集中型企业，因为股东提前预见了现金的无效使用。

2.3.3　现金流风险

韩和邱（Han and Qiu，2007）构建了一个两阶段的投资模型来分析现金持有对现金流风险的敏感性。之前的研究指出现金流风险会影响企业的现金持有决策，并且持续持有高现金的企业的表现并不会低于同类型的公司。现有研究已经证明企业会通过持有更多现金的方式来抵御现金流风险，但是之前的研究并没有提供一个可用的理论模型来解释现金持有、现金流风险和融资约束三者之间的关系。因此，韩和邱（2007）创新性地提出了理论模型来解释三者之间的相互作用，该模型推导得出以下结论，融资约束产生了一个在现在和未来投资之间跨期的权衡，受融资约束的企业的现金持有对现金流风险更加敏感。当未来现金流风险无法被完全分散，则跨期的权衡会使得融资约束企业有动机持有更多的预防性现金，且这种关系在没有融资约束的企业是不存在的。帕拉佐（Palazzo，2012）用模型解释了现金流与总体风险之间的相关性是如何影响企业的现金持有。模型发现，现金流与总体冲击之间相关性更高的企业会倾向于选择外部融资来支持其具有发展潜力的投资，同时会有更高的最优储蓄。这种谨慎性储蓄的动机也会带来股权的期望收益和现金持有之间的正向关系。此外，这种正向关系在增长性期权价值较低的企业会更强。

2.3.4　其他预防动机

企业并购时，如果管理者确信未来的项目更有价值，企业若提前预见融资约束则会倾向于持有更多的现金。市场可以观测到该企业的现金水平，并以此来判断未来项目的预期价值。并购前的股价应该包含了该预期，并购可能性的增加会使得现金更多的并购企业拥有更高的收益，因为现金更多的企业的可能性并购的预期收益会更高。因此，企业现金持有对并购者的表现有正向的影响（Gao and Mohamed，2018）。

陈等（Chen et al.，2015）研究了国家文化对现金持有的影响。首先是个人主义与现金持有，个人主义的文化会使得管理者高估个人能力，产生过分自信偏差。因此，在个人主义的文化中，管理者会对企业的财政状况过度自信，会低估企业的现金需求。所以，相对于集体主义文化中的企业，在个人主义文化中的企业会持有更少的现金。其次是不确定性规避与现金持有。不确定性规避的文化强调人的短期反应而不是对不确定性的长期预期。在不确定性规避的文化中，管理者对未来现金流产生的不确定性的忍受程度更低，他们期望更加从容地面对不确定性。因此，不确定性规避文化中的企业会持有更多的现金。

一般来说，我们将已知概率的不确定性称为风险（Risk），此外还有未知概率的不确定性，其被定义为模棱两可（Ambiguity）。弗里伯格和塞勒（Friberg and Seiler，2017）通过文本分析方法构建了模棱两可和风险这两个指标。数据显示，在高科技行业模棱两可指标较高，同时，对同质性商品来说风险较高。弗里伯格和塞勒（2017）同时构建了理论模型并实证了模棱两可和风险对现金持有及衍生品使用的影响。结果显示，更高的模棱两可度带来了更高的现金持有量，而更大的风险则提高了衍生品使用的可能性。

1998~2008 年，美国企业的长期债务占总资产的比例相对稳定，但是这些债务的平均期限有明显的缩短。当债务期限较短时，企业会面临再融资风险。当企业需要再融资时，企业会面临三方面的风险：第一，以较高的利率再融资时可能带来市场环境和资本市场的变化；第二，借款人可能低估企业的持续价值，进而无法完成再融资；第三，再融资风险还可能带来过低投资的风险。哈福德等（Harford et al.，2014）对再融资问题进行了细致的研究。研究发现，持有更高的现金可以减轻企业的再融资风险。首先，持有更高的现金可以让企业对成长机会进行完全的投资；其次，如果企业无法获得再融资，持有现金则可以让企业避免出售关键资产来偿还快到期的债务；最后，需要再融资的企业的现金会更具价值，因此，持有现金也可以降低过低投资问题。一般来说，现金持有更多的企业风险相对较小，因而其信用利差也应该较小。但是，阿查里亚（Acharya et al.，2012）实证发现了相反的结果，企业的现金持有量与信用利差之间呈现正相关的关系，这一令人疑惑的结果可以用预防性需求来解释。在他们的模型中，预防性动机使得风险更高的企业持有更多的现金；相反，当部分所持现金不是由信用风险因素决定的，则利差会与该部分现金持有呈现相反变化的关系。同时，尽管现金持有更高的企业不太可能在短期违约，但是内生决定的流动性可能与长期违约概率正相关。因此，阿查里亚（2012）的实证结果表明，预防性存款是理解现金与信用风险之间关系的核心因素。

马威克等（Marwick et al.，2020）研究了组织资本对现金持有的影响。从股东的角度来看，组织资本增加了企业的风险程度，为了忍受这一新增的风险，股东需要一个更高的折扣率。而这种无形资产不能被用于抵押，在组织资本上的投资会收缩企业的债务能力，增加外部融资成本。因此，股东和债权人所要求的更高的折扣率在达到某一个点后会使得企业发现外部融资不再是最好的选择，而持有更多的现金会带来更多的益处。另外，组织资本是公司的核心能力，因此，高组织资本水平的企业不仅会遭受失去核心人物的可能，而且会遭受泄露有价值信息到对手公司的可能，使得企业面临逆向财政冲击，进一步加剧现金流风险，而持有足够的现金可以使得企业增加人力资本投资。基于以上理由，组织资本会提高企业现金持有水平。组织资本对现金持有的影响在融资约束更高以及现金流风险更大的企业会更强。员工保护法也会产生对现金的预防性需求。较强的员工保护法会使解雇和招聘变得更加困难和费时，增加企业劳动力的调整成本。高昂的劳动力调整成本会给企业带来更高的固定工资的负担，进而会带来更高的营业杠杆和风险，因此，面临更严格员工保护法的企业对现金有更高的预防性需求，这种效应被卡鲁布滋等（Karpuz et al.，2020）称为劳动力调整成本效应。运用20个经济合作与发展组织（OECD）国家的数据，卡鲁布滋等（2020）研究发现，员工保护法更严的时候，企业的现金持有会显著增加，而且这种关系在人员周转率更高的企业会更强。张等（Zhang et al.，2020）从供应链的角度研究了供应商集中度对现金持有的影响。更高的供应商集中度会降低企业的谈判能力，进而降低企业的盈利率和内部资金。同时，高供应商集中度让企业更容易遭受供应冲击，这样会导致外部融资额成本升高。因此，基于预防性需求，高供应商集中度的企业会倾向于持有更多的现金。

2.4　企业持有现金的其他动机

大量文献从宏观的角度出发研究了政府质量的影响。陈等（Chen et al.，2014）研究了地方政府质量对现金持有的影响。地方政府质量主要通过三个渠道影响公司现金持有。一是政府干预效应。现有研究表明，政府对企业有干预行为，当政治腐败越严重的时候，政府的干预行为越严重。最容易被政府干预的资产就是流动性资产，其中现金是最为直接的流动资产，也最容易被政府所干预。因此，企业为了躲避政府的干预行为，会倾向于减少现金的持有，同时将流动资产转为固定资产。所以，政府质量越好，干预现象越少，进而企业的现金持有也随之增加。二是融资约束。政府质量的改善有助于改善融资环境，更好的专利和版权的保护有助于加强银行的信心进而增加贷款的可能。同时，好的政府质量可以加强公司治理及透明度，降低债务融资和股权融资的成本。所以，从融资约束的角度来看，政府质量也与现金持有存在负向的关系。三是内部代理问题。好的政府可以通过更有效地实施法律或合同来更好地保护投资者，进而增加了内部管理者从所控制的公司干预个人利益的成本。因此，政府质量可以有效地降低企业的内部代理问题。陈等（2014）以版权保护和政府廉洁度为指标测度了政府质量，实证结果表明，企业的现金持有量随着政府质量的改善而减少。因此，政府质量对企业现金的影响主要来源于融资约束渠道和内部代理问题渠道，不存在政府干预渠道。

上述研究结论与谢和张（Xie and Zhang，2020）一致。谢和张（2020）研究了政府干预与反腐败对现金持有的影响。研究表明，中国的官员晋升是基于其任期的经济和政治表现，因此，追逐私利的官员会倾向于不考虑政策的连续性，进而增加了企业的营商环境的不确定性。当政府官员过分追逐私利，就会更加频繁地介入企业的商业活动，进而增加企业的总成本，并增加企业持有现金的预防性动机。所以，当政府干预增加时，企业倾向于持有更多的现金。同时，腐败会破坏金融和投资环境并最终对经济增长产生伤害，反腐败可以减轻官僚寻租、增加政府效率以及提高机构环境。近年来，中国政府的反腐败行动表明，更严格的监管和更严厉的惩罚显著减少了官员的违法行为。同时，反腐败行动降低了不确定性和企业的交易成本，通过促进竞争、加强投资效率和刺激研发活动增加了企业的价值。因此，反腐败也可以被看成是政府质量的一个指标，反腐败集中度的增强可以减弱政府干预，进而减少企业的现金持有。

许和李（Xu and Li，2018）研究了地区政府腐败对企业现金持有的影响。不同于陈等（2014）所使用的政府廉洁度指标以及谢和张（2020）的反腐败指标，许和李（2018）选取了地方政府官员的犯罪行为来测度地方政府腐败，该指标为手动收集，主要来源于中国人民检察院年报，其研究结果与陈等（2014）相反，地区政府腐败程度越高，该地区企业所持有的现金越少。许和李（2018）证实了政府干预理论，即政府存在对企业的干预行为，会从企业中干预流动资产。企业为了降低干预效应，会减少现金的持有。同时，他们还发现，腐败与现金持有之间的负向关系在非国企中会显著强于国企。

基于 16 个新兴国家的数据，塔库尔和坎纳达桑（Thakur and Kannadhasan，2019）同样对政府腐败与企业现金持有进行了研究。其研究结果与许和李（2018）相反，政府腐败与企业现金持有呈现正相关的关系。他们使用的腐败指标是透明国际提供的全球清廉指数，该指标反映了公务人员与政治家之间的腐败认知。塔库尔和坎纳达桑（2019）指出，在腐败的环境下，通过与政治家的现金交易，企业可以从中获益。现实中，企业盈利的决定因素往往是政治关联而非生产率。另外，政治关联的企业在面临经济压力时更容易获得政府援助。因此，腐败的环境给了企业极大的动机持有更多的现金。

比盖利和桑切斯维达尔（Bigelli and Sánchez-Vidal，2012）对意大利的私营企业进行了研究，认为私营企业和上市企业的主要区别在于，上市企业的股东可能成千上万，而私营企业仅有少许的股东，且经常属于一个家族。比盖利和桑切斯维达尔（2012）验证了两个经典理论：权衡理论以及融资优序理论。权衡理论即企业在确定最优现金持有水平时，需要权衡持有流动资产的边际成本和边际收益。大的企业更容易获得外部融资，因而小企业会持有更多的现金。融资约束的企业会面临现金流风险和外部融资困难，因而融资约束企业的现金持有量也更大。现金持有的机会成本会随着税率的增加而增加，在面对更高的实际税率的时候私营企业会持有更少的现金。融资优序理论表明，在信息不对称的情况下，对于投资的资金，首先选择内部融资，其次是债券，最后是股权。私营公司的信息不对称问题会较上市公司严重，主要原因在于信息披露、监管、外部审计三者的水平都偏低。通过对私营企业的研究，验证了现金持有符合权衡理论和融资优序理论的预测。

何和温托基（He and Wintoki, 2016）研究发现，研发投资也可以有效地解释现金持有水平增长的原因。他们指出，现金持有的增长很大一部分原因来自于现金持有对研发投资的敏感性的改变，即进行研发创新的企业的现金需求曲线的移动。现有文献中许多现金持有的决定因素与研发强度对现金持有的效应相互影响且存在累积强化效应。现金持有对研发投资的敏感性的增加有以下原因：首先，创新性的研发由于其无形的本质、未知的产出以及潜在的严重的信息不对称等问题使企业很难获得外部融资，特别是债券，企业融资主要依赖于内部现金流和股票发行，而两者在过去几十年都具有较强波动；其次，研发支出巨大的调整成本使得研发企业与融资约束绑在了一起，使得这些企业更依赖于预防性现金来支持研发。更重要的是，过去几十年里国内外的竞争在各个行业增加，但在研发型行业里没有成比例地增加，使得这些企业或者使用现金作为战略武器，或者持有现金作为可以生存的保障。实证结果发现，现金持有对研发投资的敏感度的增加和研发支出的增加可以解释超过20%的总体现金持有的增加。

由于金融机构的特殊性，现有文献中，大部分研究都将金融机构排除在外。谢等（Xie et al., 2017）研究了美国财产责任保险公司的现金持有来弥补该领域的不足。研究发现，公共保险公司所持有的现金低于私人股票保险公司，这与非金融类企业的研究结果不一致。此外，共同保险公司所持有的现金也低于私人股票保险公司。当现金下降时，上市保险公司调整现金持有水平至其目标现金水平的速度要明显快于私人股票保险公司。但是当两者都

有超额现金时，两类企业的调整速度没有差异。同样，当现金下降时，共同
保险公司调整现金持有水平至其目标现金水平的速度仅略快于私人股票保险
公司。但是当两者都有超额现金时，两类企业的调整速度一致。

2.5 关于企业现金持有的国内研究

一部分国内学者也同样从代理动机和预防动机的角度对中国企业的现金
持有问题进行了研究。于泽等（2014）对现金持有研究进行了完整的梳理。
杨兴全等（2015）研究了现金持有的竞争效应。结果表明，现金持有具有竞
争效应，并且该效应在公司治理更强的企业会进一步加强。崔刚和宋思森
（2017）也对现金持有的竞争效应做了研究，他们发现管理者的过度自信会
加强这种效应。袁卫秋和于成永（2019）证明现金持有的竞争效应在经济下
行时会更加显著，并且在民营企业中更为突出。刘慧龙等（2019）研究了公
司架构对现金持有的竞争效应影响。结果表明，金字塔层级结构对该竞争效
应有弱化作用。

刘井建等（2017）指出股权激励计划会降低企业的现金持有，因为股权
激励可以缓解代理问题。股东之间的关联也会对企业现金价值造成影响。柴
斌锋等（2016）研究发现，同质性的股权会降低企业的现金价值。同时，股
权集中度与企业现金持有之间呈倒"U"型的关系（黄冰冰和马元驹，
2018）。控股股东的股权质押比例与企业现金持有之间呈现"U"型变化，并
且该关系只在非国有企业中显著（李常青，2018）。姜付秀（2017）研究发
现非家族成员担任董事长的企业会持有更多的现金。在上市企业中，由集团
控制的企业持有更少的现金，并且企业集团能够降低货币政策对现金持有的
影响（蔡卫星等，2015）。甄红线和王谨乐（2016）的研究发现，机构投资
者可以有效缓解信息不对称以及代理问题，还可以缓解企业的外部融资压力。
同时，对融资约束较大的企业缓解作用更大，该结论与胡援成和卢凌
（2019）的发现一致。窦欢和陆正飞（2016）研究发现，第一大股东持股比
例会影响关联存款比例，而且关联存款占现金比例过高会影响公司现金价值。
高管的学术经历可以有效地增加企业现金持有、缓解过度投资问题（秦翡，
2019）。

仇冬芳等（2017）发现，环境不确定性会明显加强企业的现金价值，并

且融资约束在两者之间具有中介效应。陈艳艳和程六兵（2018）的研究指出，高管背景可以调节经济政策不确定性与现金持有之间的关系。王红建等（2014）同样对经济政策不确定性进行了研究，结果表明，经济政策不确定性的增加会增加企业的现金持有，并且该关系在代理问题更严重的时候会更强烈。

蒲文燕和张洪辉（2016）研究发现，企业会增加现金持有以应对技术创新的需求。谢梦等（2017）研究了金融去杠杆的情况下，企业现金持有的影响因素。结果发现，其主要原因仍然是代理问题。王勇（2017）研究发现，客户关系会降低企业的现金持有。企业社会责任增加了企业的现金价值，并且随着现金持有的增加，企业社会责任的影响更加强烈（杨洁等，2019）。郑宝红和曹丹婷（2018）的研究发现，税收规避不会影响公司现金价值，当代理成本更低时，税收规避会增加现金价值。侯青川等（2016）研究了放松卖空管制如何影响企业的现金价值。结果发现，放松卖空管制可以缓解代理问题，减少大股东对公司利益的侵占，进而提高了公司现金价值。

黄珍和李婉丽（2019）研究发现，中国上市公司中，零杠杆的公司数量逐年上升，而同时零杠杆企业的现金持有水平也相对较高。为什么零杠杆的企业会持有高额的现金呢？黄珍和李婉丽（2019）认为主要有三方面的原因：第一，公司的杠杆为零，则债权人不存在，因此债权人对企业的监督职能消失，这样加剧了企业的代理问题。此时，强势的管理者会更多地追求其私人利益而非股东利益最大化，因此会增加现金的持有。第二，虽然企业零杠杆使债权人的监督职能消失，但是该监督作用可能被其他监督机构所代替，例如机构投资者。因此，随着其他机构的监督作用增加，零杠杆与现金持有之间的关系会减弱。第三，企业零杠杆的原因极大可能来源于融资约束，因此，企业需要增加现金来抵御未来现金流的风险。

同时，也有研究关注于中国宏观经济因素的影响。饶品贵和张会丽（2015）研究了预期通胀对于现金持有的影响，他们认为预期通胀对于现金持有的影响主要来源于以下原因：首先，预期通胀可能增加经济波动，当经济出现波动时，管理层为了降低监管难度进而希望管理层减少现金；其次，预期通胀上升，即未来的实际购买力会下降，使得管理者会减少当期的现金持有，将现金用于购买更加保值的资产；再次，从要素投入的角度看，预期通胀上升，则意味着未来的原材料价格上升，为了降低成本提高收益，管理者会倾向于多购买原材料，提高存货来应对该风险；最后，预期通胀的上升

降低了实际利率，进而增加了企业投资。综合以上四个原因，预期通胀上升
会使得企业减少其现金持有。另外，我国的上市企业中存在大量国企，由于
国企的政策性背景使其不再以利润最大化为目标，因此，对预期通胀的变化
的反应可能存在滞后，进而对持有现金的调整相对较慢。所以，预期通胀率
对现金持有的负向影响在国有企业中相对较低。杨兴全和李万利（2016）也
对货币政策进行了研究，结果发现，货币紧缩时，企业倾向于使用现金来平
滑创新投资，并且该平滑效应对更加依赖外部融资的企业会更强，吴淑娥等
（2016）也得到类似结论。于泽等（2017）研究发现，中国企业的现金持有
量出现趋势性上升的主要原因在于 2009 年的货币政策影响。钱雪松等
（2019）以中国物权法的出台为自然实验研究了制度变化对于现金持有的影
响。结果表明，制度改革对固定资产较少及融资约束较大的企业影响显著。

　　我国的国有企业一直处在改革的过程中，其中重要的一个环节就是引入
非国有资本，也被称为混合所有制改革。由于引入了非国有资本，使得国有
企业的股权结构出现了很大的变化，这种变化会如何影响企业的现金持有呢？
杨兴全和尹兴强（2018）对该问题进行了分析。国企混改后，其股权结构呈
现三个特点：股权多样性、融合度以及控制权转移。研究发现，三者对于现
金持有的影响呈现各自不同的特征：股权融合度不仅促进了企业现金持有，
还增加了企业的研发投资；控制权转移有效抑制了过度投资问题，同时提高
了研发投资和股东分红，而且股权融合度与控制权转移有效提升了公司价值；
股权多样性在企业现金持有及现金价值两方面都未见显著影响。郑培培和陈
少华（2018）通过中国上市公司的数据发现，公司现金持有会随着管理者的
过度自信而增加。其原因可能在于，管理者过度自信时会过高估计自己的价
值以及为公司创造的价值，并且这些价值并没有在股价中得以体现，管理者
倾向于按照融资优序理论对企业进行融资，首先选择内部融资，其次是债券，
最后是股权。因此，当管理者过度自信，会持有更高的现金。但是这种管理
者的过度自信的影响会随着内部控制的加强而减弱。加强公司内部管理后，
公司的决策过程会受到监督，管理者的控制权受到一定的压制，进而会降低
管理者的自信程度，并缓解其对现金持有的影响。

　　媒体报道也对企业的现金持有产生了一定的影响。罗进辉等（2018）指
出，从代理问题的角度来说，信息不对称会带来严重的代理问题以及较高的
外部融资成本，进而使得企业的现金持有升高。在信息时代，媒体对上市企
业的大量报道，会降低投资者获取公司内部信息的成本，同时为广大投资者

提供了大量有价值的信息。这些信息降低了企业的信息不对称，进而降低企业的外部融资成本。因此，媒体报道会降低企业的超额现金水平。同时，在制度环境越好的地方，媒体的自由度越高、行业也越开放、竞争也越充分，这样可以更好地发挥新闻媒体的调节作用。因此，地区制度环境越好的地方，媒体报道与企业现金持有之间的负向关系越强。当产品市场竞争加剧时，企业需要持有更多的现金来对成长机会进行投资，而且产品市场竞争本身就是一种调节机制，可以有效地降低企业的代理问题。在竞争市场中，业绩评价机制可以有效地降低信息不对称，增加对企业的外部监督。因此，产品市场的竞争程度会有效降低媒体报道对现金持有的负向影响。

2.6　本章小结

通过对国内外现有文献的梳理可以发现，国外的研究较早，对代理问题以及预防动机的研究较为深入。同时，近年来也有很多学者从其他角度丰富了现金持有的研究，包括政府质量、企业社会责任、社会资本、员工福利、组织资本等。国内的研究相对国外的研究起步稍晚，但是同样有丰富研究成果，除了常见的现金持有的动机外，国内学者也针对中国经济的特点进行了研究。

但是现有研究较少关注中国经济转型对企业现金持有的影响，尤其是市场化发展和行业竞争两个方面。另外，国内外研究都忽略了国际能源市场对现金持有的影响。因此，为了丰富和补充现有研究，本书将从市场化发展、行业竞争和石油价格不确定性的角度出发对现金持有的影响因素进行深入的研究。

第3章　市场化发展对企业现金
持有的影响研究

从现有文献来看，当前关于中国市场化发展与企业现金持有的相关研究还相对较少。近四十年的中国市场化改革不仅带来了经济的飞速增长，同时也使得中国的制度环境产生了巨大的变化。随着产品市场的竞争不断增强，市场成为价格体系与经济行为的决定因素。中国已经逐步建立起市场竞争政策框架，企业准入和准出的管制也得到显著改善。此外，行政改革加强了中央政府对市场经济的监督职能，政府管制对微观干预的依赖程度越来越低，更加注重对框架机制的设计。结合政府与国有企业之间关系的基础性改变，上述措施重新界定了政府与市场之间的界限，对中国经济持续繁荣做出了巨大贡献。本书将从市场化发展和行业竞争两个方面来研究中国经济市场化进程对企业现金持有的影响。首先，市场化发展对企业现金持有提供了数据基础和理论价值，政府职能改革体现在市场化改革，但我国市场化改革仍然存在地区差异性，东部发展较快，中西部发展较慢，因此，分析各地区不同市场化发展程度有助于全面剖析市场化发展对企业现金持有影响的空间差异。其次是行业竞争。正如前文所分析的，市场化改革其中一个重要的任务就是建立市场化价格体系、改革国企与政府关系、修改准入和准出制度、建立更加健康的市场竞争机制。因此，本章将从市场化发展的角度来分析其对企业现金持有的影响。

本章基于中国上市企业 2008～2016 年的年度数据，研究市场化发展对企业现金持有的影响。研究发现，市场化发展对企业具有融资约束缓解效应，因为市场化发展带来了更好的投资者保护、知识产权保护、更好的法律环境，同时也降低了企业外部融资成本、改变了企业融资约束，进而降低了企业持有现金的需求。另外，本章还发现市场化发展对现金持有的影响是非线性的，呈现倒"U"型：当市场化发展水平较低时，企业现金持有随着市场化发展的升高而升高；而当市场化发展持续增大，超过某临界值之后，企业现金持有会随着市场化发展的升高而降低。同时研究结果还显示，市场化发展对国有企业和规模较大的企业影响较小。

3.1 引　　言

近年来，企业现金持有受到了大量的关注。奥普勒等（1999）较早地对企业现金持有问题进行了系统的研究与分析。贝特斯等（2009）通过对1980～2006年的企业现金持有数据进行分析发现，美国上市企业的平均现金资产比翻了一番，从1980年的10.5%增加到2006年的23.3%。企业持有大量的现金主要出于代理动机（哈福德，1999；奥兹坎和奥兹坎，2004；迪特马尔和马哈特·史密斯，2007；哈福德等，2008；黄等，2013；安德森和哈马迪，2016；古，2017；阿克塔什等，2019）和预防动机（韩和邱，2007；杜钦，2010；阿查里亚等，2012；哈福德等，2014；许等，2016；德米尔和厄桑，2017；高和穆罕默德，2018）。另外，企业会面临多种风险，包括现金流不确定性（奥普勒等，1999；贝特斯等，2009）、再融资风险（哈福德等，2014）、经济政策不确定性（德米尔和厄桑，2017；潘等，2019）等，当风险升高，企业的支出可能高于预期，因此，基于预防动机，企业会持有更多的现金。

上文所述动机主要是从企业个体因素角度出发。近年来，也有研究开始关注中国经济市场化发展所带来的影响，大量文献从政府质量角度进行了研究。更高的政府质量可以更好地降低企业委托代理问题并缓解公司预防性需求。另外，发达的政府机构能够给投资者提供更有效的保护，进而限制和减少管理层追逐私利的行为，最后降低企业现金持有。同时，更发达的政府机构可以有效改善企业外部融资环境、降低企业融资成本，对企业融资约束起到有效缓解作用（陈等，2014；许和李，2018；塔库尔和坎纳达桑，2019；谢和张，2020）。现有关于政府质量的研究所选取的指标多为腐败类指标，例如政府廉洁度（陈等，2014）、地方政府官员犯罪行为（许和李，2018）、全球清廉指数（塔库尔和坎纳达桑，2019）、反腐败指标（谢和张，2020）。但上述指标主要是从官员角度来衡量政府质量，很难全面反映市场化发展状况。

本章通过 2008～2016 年的分省份市场化指数对市场化发展与企业现金持有之间的关系进行了再检验。结果发现，市场化发展会使企业持有更少的现金。这表明市场化发展的主要影响在于缓解代理问题、加强投资者保护、缓解信息不对称、降低融资成本，进而降低企业对现金的需求。进一步研究发现，市场化发展对现金持有的影响是非线性的，呈倒"U"型。市场化发展对国有企业的影响并不显著，同时规模较大的企业也较少受到影响。

本章对现有文献的贡献主要体现在以下方面。首先，对市场化发展与现金持有之间的关系进行再检验，将市场化发展对现金持有的影响路径进行了详细的分析。本章的研究表明，融资约束缓解效应是市场化发展影响企业现金持有的主要原因。其次，通过对市场化发展的不同阶段进行详细的分析，检验了市场化发展与现金持有之间的非线性关系。现有研究忽略了不同的市场化发展程度对企业的影响的差异性。最后，将现有研究扩展到国有企业性质与公司规模的研究上，研究了该影响的企业异质性。

本章后面的安排如下，第 3.2 节阐述了本章的理论基础，在第 3.3 节中介绍了变量及模型，数据和实证分析在第 3.4 节，第 3.5 节检验了模型的稳健性，最后，第 3.6 节进行了总结。

3.2　理　论　基　础

更加发达的制度环境有助于改善融资环境，降低企业对于现金的预防性需求。好的政府质量可以通过加强法律以及商业合同对产权和专利进行有效的保护，因此，企业还贷及抵押物回购的可能性有较大的提升，进而可以极大地增加银行对于贷款的信心（Ayyagari et al.，2010）。同时，当存在商业纠纷时，好的政府会维护双方所签订的合约，这也进一步增加了商业主体的信用度，可以使本地企业更好地进行信用融资，进而降低了现金的边际价值，也就意味着企业将减少预防性现金持有（Faulkender and Wang，2006）。另外，由于加强了法律和规则，好的政府可以帮助改善企业的公司治理以及透明度，进而降低了企业的债权及股权融资成本，企业融资约束的改善将降低企业的现金需求（Desai et al.，2007；Stulz，2005）。

此外，机构发展也可以通过改善企业内部代理问题来影响现金持有（卡尔切瓦和林斯，2007）。企业的投票权以及现金流控制权之间的巨大差异使得控股股东会从少数投资者手中干预利益，而其中最容易被干预的流动资产就是现金，因而所有权的巨大差异会使得企业持有更多的现金以便于干预。随着政府质量的改善，更加有效的合同及法律的实施可以对投资者进行更加完善的保护，因此，增加了企业内部管理层干预私人利益的成本。随着内部干预现象的改善，企业的现金需求也随之降低。

陈等（2014）以版权保护为指标测度了政府质量，实证结果表明，企业的现金持有量随着政府质量的改善而减少。同时，政府质量对企业现金的影响主要来源于融资约束渠道和内部代理问题渠道。因此，这里提出本章的第一个假设：

H1：市场化发展会降低企业的现金需求，减少现金持有。

陈等（2019）的研究表明，在市场化发展早期，由于监督和惩罚制度不足，腐败与经济增长之间可能存在正向关系。他们指出，腐败与地方政府的自行决定权有较大的关系。改革初期，中央政府将权力下放到地方政府，地方政府有较大的自行决定权，而早期中央政府无法轻易地监管和惩罚相应的官员，经济改革给企业带来大量利润的同时也带来了腐败的诱惑。而且对于改革早期来说，适当的放松监管也是必要的，激励地方政府来推动改革，否则地方政府会因其既得利益而抵制改革。因此，市场化发展的早期，腐败与市场化发展正相关。随着市场化的进一步深入，市场机制逐步成熟，监管机制也进一步改善，导致地方政府的权力及腐败进一步弱化。因此，市场化发展的后期，腐败与市场化发展负相关。接下来，本节其他假设将基于市场化发展的不同阶段来提出。

在市场化发展初期，随着市场化的发展，干预程度会上升，该现象可能带来两个相反的影响。从政治干预效应（Frye and Shleifer，1997）的角度来看，随着腐败的增加，政府会增加对企业资产的干预。为了避免损失，企业会减少现金的持有，或将现金投资于固定资产投资中，因为固定资产较难被干预。因此，腐败越严重企业现金持有越少（卡普里奥等，2013；许和李，2018）。基于上述分析，提出以下假设：

H2a：市场化发展水平较低时，市场化发展会降低企业现金持有。

另外，不同于干预效应，由于市场化发展初期，监管和惩罚措施不完善，腐败增加，企业会通过交易现金寻求政治利益。菲斯曼（Fisman，2001）研究发现，企业对政治关联性的依赖程度是决定企业价值的直接因素。而且，政治关联性是决定利润的首要因素，而非生产率等其他基础因素。相比于没有政治关联的企业，法乔等（Faccio et al.，2006）发现具有政治关联的企业更容易接收到政府补助。此外，杜钦和索苏拉（Duchin and Sosyura，2012）研究表明，更强政治联系的企业会收到更多的政治便利，而其投资表现却低于没有政治联系的企业。因此，腐败增加时企业为了寻求政治便利会增加现金持有，同时会降低投资。基于 16 个新兴国家的数据，塔库尔和坎纳达桑（2019）同样对政府腐败与企业现金持有进行了研究，其研究发现，政府腐败与企业现金持有正相关，企业会利用腐败环境来追逐自己的政治利益。由此得到以下假设：

H2b：市场化发展水平较低时，市场化发展会增加企业现金持有。

当市场化发展水平较高时，市场化发展对企业现金持有也会产生两种不同的影响。

首先，在腐败的环境下，政府会从企业中干预资产，最容易被干预的资产就是现金，为了降低被干预的风险，企业会选择持有更少的现金，或将其投资于较难被干预的固定资产中。因此，企业所持的现金会随着腐败的加剧而降低。随着市场机制的建立，政府对于市场的干预逐步减少，监管和惩罚制度逐步建立，腐败减少。基于干预效应，当腐败程度降低时，政治干预效应逐渐降低，企业被干预的风险也逐步下降，因此企业将选择增加现金持有。由此得到以下假设：

H3a：市场化发展水平较高时，市场化发展会增加企业现金持有。

其次，更加发达的制度环境有助于改善融资环境，更好的专利和版权保护有助于增加银行贷款的可能。同时，好的政府质量可以加强公司治理及透明度，降低债务融资和股权融资成本。所以，从融资约束角度来看，市场化发展与现金持有存在负向的关系。从内部代理问题角度来看，好的政府可以通过更有效的实施法律或合同来更好地保护投资者，进而增加了内部管理者从公司干预个人利益的成本。因此，市场化发展可以有效降低企业内部代理问题。实证结果也表明企业的现金持有量随着政府质量的改善而减少。同时，政府质量对企业现金的影响主要来源于融资约束渠道和内部代理问题渠道（陈等，2014）。

当市场化发展水平较高时，市场机制逐步建立，金融体系逐步完善，产权保护得到改善，法律环境也逐步加强。企业内部代理问题逐步改善，投资者保护加强，信息不对称问题也逐步缓解，外部融资成本进一步降低。缓解代理动机和预防动机降低了企业的现金需求。因此得到以下假设：

H3b：市场化发展水平较高时，市场化发展会降低企业现金持有。

若 H2a 与 H3a 假设成立，则市场化发展与企业现金持有之间呈现"U"型关系。若 H2b 与 H3b 假设成立，则市场化发展与企业现金持有之间呈现倒"U"型关系。

3.3 变量定义及模型设定

3.3.1 现金持有

模型的因变量是现金持有，现有文献中多数都使用现金净资产比（cash-to-net assets ratio）来测度企业的现金持有（奥普勒等，1999；贝特斯等，2009；刘和摩尔，2011；许等，2016；冯和饶，2018）。因此，本章也采用现金净资产比（CASH1）测度企业现金持有，它等于现金及其等价物除以净现金资产，其中净现金资产是现金及其等价物与总资产的差值。

3.3.2 市场化发展

本章所用市场化发展的衡量指标为中国分省份市场化指数（王小鲁等，2018）。该指数的起始年份为 1999 年。包含五大二级指标：政府与市场关系、非国有经济发展、产品市场发育程度、要素市场发育程度、市场中介组织发育和法治环境。从 2008 年开始，由于部分指标被替换以及原有个别指标的数据无法获得等原因，该指标表体系有轻微改动，导致 2008 年之后的指数与之前的指数不可比，因此，无法完成 1999~2016 年的全样本回归分析。库斯纳迪等（2015）的研究基于 1999~2007 年的数据，但是该样本区间仅反映我国市场化发展的早期特征。为了包含市场化发展的多个阶段并与库斯纳迪等（2015）的研究做对比，本章将选取 2008~2016 年为样本时间段。

3.3.3 模型设定

$$CASH_{it} = \beta_0 + \beta_1 MKT_{jt} + \sum_k CONTROL_{it}^k + \varepsilon_{it} \qquad (3.1)$$

其中，对于公司 i 及年份 t，*CASH* 代表现金持有，MKT_{jt} 代表第 t 年在 j 省的市场化发展程度。*CONTROL* 代表所有的控制变量，ε 表示无法观测的随机误差。

控制变量参照了贝特斯等（2009）的模型设定，本章控制了现金流（CF），高现金流的企业倾向于持有更多的现金。当杠杆受限，企业会选择持有更多的现金来降低杠杆，因此，预期杠杆（LEV）与现金持有呈负相关关系。由于净运营资本（NWC）包含了现金的替代资产，净运营资本也是控制变量。由资本支出（CAPEX）所得的资产可以提供更多的外部融资能力，因而高资本支出企业有较少的动机持有现金。流动性（LIQ）同样也包含在模型中，高流动性的企业倾向于持有更少的现金，流动性与现金互为替代（法里尼亚等，2018）。我们同时控制了公司规模（SIZE），该变量的定义是公司营业额的自然对数。一般来说，大企业有更低的借贷成本，并且更少受到外部融资约束，规模大的企业更可能持有较少的现金（贝特斯等，1999；法里尼亚等，2018）。股东分红（DIV）也是控制变量之一，贝特斯等（2009）解释到，对股东分红企业风险更低，且更容易进入资本市场，因此，这类企业会较少地受预防动机所影响，会倾向于持有更少的现金。市价对账面价值比率（MB）也包括在里面，市价对账面价值比率代表了企业的成长机会（奥兹坎和奥兹坎，2004；波多尔斯基等，2016）。最后，我们也控制了企业的利润率（ROA）。

3.4　数据来源和实证分析

3.4.1　数据来源

本章的样本是年度数据。上市公司的数据主要来源于国泰安数据库（CSMAR）以及万得数据库（WIND）。本章的样本所包含的企业来自于上海证券交易所、深圳证券交易所、中小企业板以及创业板。依据中国证监会在2012 年发布的行业分类指引，本章研究不包含金融行业。因为部分企业没有完整的数据集导致本章所用的数据为非平衡面板数据。同时，研究过程中我们对数据在1% 和99% 的水平上进行了缩尾处理。

表 3.1 列出了所有变量的具体定义。表 3.2 报告了所有变量的描述性统

计结果。总体来看，中国企业持有现金及可交易证券占净现金资产的33%，其标准差为0.43。市场化指数的均值为7.58，标准差为1.81。表3.3报告了变量间的皮尔森相关系数，该表的结果显示不存在多重共线性问题。

表3.1 **变量定义**

变量	定义
CASH	现金及可交易证券与净现金资产的比率，后者等于总资产减去现金及可交易证券
MKT	中国分省份市场化指数
CF	现金流除以净现金资产
NWC	净运营资本与现金之差除以总资产
CAPEX	资本支出除以总资产
LIQ	应收账款加存货减去应付账款之和除以净现金资产
MB	市价对账面价值比率
LEV	负债除以总资产
ROA	每年的企业资产收益率
SIZE	总营业额的自然对数
DIV	股东分红的虚拟变量。若该季度有分红，则变量取1，反之则取0

表3.2 **变量的描述性统计**

变量	N	Mean	S. D	Skewness	Kurtosis	P25	P50	P75	Min	Max
CASH	20279	0.33	0.43	3.26	15.57	0.1	0.18	0.36	0.01	2.69
MKT	20317	7.58	1.81	-0.67	3.3	6.36	7.8	9.3	-0.3	10.46
CF	20262	0.02	0.12	1.73	8.69	-0.03	0.01	0.05	-0.26	0.56
NWC	20280	0.01	0.22	-0.38	3.3	-0.13	0.02	0.16	-0.65	0.51
CAPEX	20280	-0.07	0.09	-0.82	5.05	-0.1	-0.05	-0.01	-0.37	0.17
LIQ	20280	0.17	0.16	0.92	4	0.06	0.15	0.26	-0.12	0.7
MB	20280	2.05	1.68	3.03	14.55	1.09	1.52	2.35	0.54	11.32
LEV	20280	0.44	0.22	0.2	2.31	0.27	0.44	0.61	0.05	1.02
ROA	20279	0.04	0.06	-1.05	7.9	0.01	0.04	0.07	-0.22	0.2
SIZE	20263	21.2	1.5	0.27	3.38	20.21	21.09	22.07	17.18	25.3
DIV	20306	0.68	0.47	-0.78	1.61	0	1	1	0	1

表 3.3　变量间的皮尔森相关系数

变量	CASH	MKT	CF	NWC	CAPEX	LIQ	MB	LEV	ROA	SIZE	DIV
CASH	1										
MKT	0.050 ***	1									
CF	0.487 ***	-0.00800	1								
NWC	0.065 ***	0.190 ***	-0.027 ***	1							
CAPEX	0.026 ***	-0.035 ***	0.184 ***	-0.073 ***	1						
LIQ	-0.153 ***	0.106 ***	-0.067 ***	0.562 ***	0.177 ***	1					
MB	0.0100	0.014 *	-0.041 ***	-0.030 ***	0.109 ***	-0.052 ***	1				
LEV	-0.406 ***	-0.153 ***	-0.115 ***	-0.582 ***	0.185 ***	0.095 ***	-0.060 ***	1			
ROA	0.239 ***	0.103 ***	0.159 ***	0.299 ***	-0.169 ***	-0.00400	-0.022 ***	-0.410 ***	1		
SIZE	-0.227 ***	0.060 ***	-0.053 ***	-0.196 ***	-0.020 ***	-0.056 ***	-0.372 ***	0.392 ***	0.097 ***	1	
DIV	0.157 ***	0.199 ***	0.091 ***	0.259 ***	-0.186 ***	0.025 ***	-0.197 ***	-0.284 ***	0.445 ***	0.204 ***	1

注：*** 表示在 1% 的水平下显著，** 表示在 5% 的水平下显著，* 表示在 10% 的水平下显著。

3.4.2 市场化发展对现金持有的影响

市场化发展对现金持有影响的估计结果如表 3.4 所示。本节使用了多个模型设定：模型（1）代表了没有任何控制变量和聚类标准误的混合回归结果；模型（2）中加入了所有的控制变量，同时为了在估计结果中去掉企业的异质性的潜在的影响，在模型（2）中使用了企业个体固定效应模型；模型（3）和模型（4）同时考虑了个体和时间双向固定效应，并且模型（4）根据企业聚类了标准误。

通过表 3.4 中所有实证模型设计估计结果发现，市场化发展对企业现金持有在 1% 的显著性水平上有明显的负向的影响，即市场化程度越发达时，企业持有更少的现金。模型（3）和模型（4）的估计结果说明，市场化发展每增加 1 个单位，会预计导致企业现金持有相对于平均的现金持有率减少 3.3%。正如我们所预期的，市场化发展降低了企业的现金持有，验证了本章的第一个假设。对于其他控制变量来说，由于净运营资本与现金之间是互相替代的关系，净运营资本越大的企业持有更少的现金。现金流跟现金持有之间呈现正向的关系，该结论与奥普勒等（1999）和许等（2016）的结果一致。利润率更高的企业倾向于持有更多的现金，一般来说，市价对账面价值比率（MB）与企业现金持有正相关（奥普勒等，1999；迪特马尔等，2003；贝特斯等，2009；法里尼亚等，2018），但是这种关系在中国并不成立。本章的结果发现，现金持有随着市价对账面价值比率的升高而降低，市价对账面价值比率代表了企业的成长机会，即高成长机会的企业持有更少的现金，与许等（2016）的研究结论一致。规模越大的企业倾向于持有更少的现金，与法里尼亚等（2018）的结论一致。股东分红系数为正，表明股东分红对现金持有呈正向的影响。流动性与资本支出的估计结果在统计学上并不显著。

表 3.4   **市场化发展对企业现金持有的影响**

变量	（1）	（2）	（3）	（4）
MKT	− 0.0508 ***	− 0.0410 ***	− 0.0330 ***	− 0.0330 ***
	（0.00250）	（0.00316）	（0.00542）	（0.00791）
CF		1.211 ***	1.202 ***	1.202 ***
		（0.0154）	（0.0155）	（0.0235）

续表

变量	（1）	（2）	（3）	（4）
NWC		− 0.639 ***	− 0.659 ***	− 0.659 ***
		（0.0225）	（0.0222）	（0.0483）
CAPEX		0.0157	0.0116	0.0116
		（0.0250）	（0.0247）	（0.0364）
LIQ		− 0.0140	− 0.00321	− 0.00321
		（0.0296）	（0.0294）	（0.0491）
MB		− 0.0273 ***	− 0.0279 ***	− 0.0279 ***
		（0.00150）	（0.00164）	（0.00376）
LEV		− 0.883 ***	− 0.889 ***	− 0.889 ***
		（0.0235）	（0.0232）	（0.0505）
ROA		0.338 ***	0.278 ***	0.278 ***
		（0.0435）	（0.0435）	（0.0706）
SIZE		− 0.0627 ***	− 0.0708 ***	− 0.0708 ***
		（0.00371）	（0.00391）	（0.00834）
DIV		0.0298 ***	0.0260 ***	0.0260 ***
		（0.00549）	（0.00541）	（0.00574）
Constant	0.743 ***	2.364 ***	2.382 ***	2.382 ***
	（0.0203）	（0.0681）	（0.0858）	（0.183）
Year FE	No	No	Yes	Yes
Firm FE	No	Yes	Yes	Yes
Cluster	No	No	No	Yes
R^2	0.0775	0.475	0.493	0.493
N	20279	20242	20242	20242

注：*** 表示在 1% 的水平下显著，** 表示在 5% 的水平下显著，* 表示在 10% 的水平下显著。

3.4.3　市场化发展与现金持有的非线性关系

至此，已经证明企业现金持有随着市场化的发展而减少。本节将进一步验证市场化发展与现金持有之间的非线性关系。为了验证该效应，本节在上一节的模型基础上加入 MKT 指数的平方项。因此，本节将估计以下模型：

$$CASH_{it} = \beta_0 + \beta_2 MKT_t + \beta_2 MKT_t^2 + \sum_k \beta_k CONTROL_{it}^k + \varepsilon_{it} \quad (3.2)$$

实证结果如表 3.5 所示。本节同样使用了多个模型设定：模型（1）代表了没有任何控制变量和聚类标准误的混合回归结果；模型（2）中加入了所有的控制变量，同时为了在估计结果中去掉企业的异质性的潜在的影响，在模型（2）中使用了企业个体固定效应模型；模型（3）和模型（4）同时考虑了个体和时间双向固定效应，并且模型（4）根据企业聚类了标准误。

表 3.5　　　　　　　　市场化发展对企业现金持有的非线性影响

变量	（1）	（2）	（3）	（4）
MKT	0.151 *** (0.0136)	0.0565 *** (0.0148)	0.0767 *** (0.0160)	0.0767 *** (0.0260)
MKT²	− 0.0135 *** (0.000891)	− 0.00613 *** (0.000908)	− 0.00659 *** (0.000908)	− 0.00659 *** (0.00151)
CF		1.212 *** (0.0154)	1.201 *** (0.0155)	1.201 *** (0.0236)
NWC		− 0.635 *** (0.0225)	− 0.654 *** (0.0222)	− 0.654 *** (0.0480)
CAPEX		0.0107 (0.0250)	0.00948 (0.0247)	0.00948 (0.0364)
LIQ		− 0.0177 (0.0296)	− 0.00903 (0.0294)	− 0.00903 (0.0489)
MB		− 0.0269 *** (0.00150)	− 0.0272 *** (0.00164)	− 0.0272 *** (0.00375)
LEV		− 0.876 *** (0.0235)	− 0.881 *** (0.0232)	− 0.881 *** (0.0503)
ROA		0.345 *** (0.0435)	0.279 *** (0.0434)	0.279 *** (0.0705)
SIZE		− 0.0627 *** (0.00371)	− 0.0698 *** (0.00391)	− 0.0698 *** (0.00827)
DIV		0.0298 *** (0.00548)	0.0263 *** (0.00540)	0.0263 *** (0.00574)

续表

变量	（1）	（2）	（3）	（4）
Constant	0.0346	1.993 ***	1.932 ***	1.932 ***
	（0.0510）	（0.0874）	（0.106）	（0.201）
Year FE	No	No	Yes	Yes
Firm FE	No	Yes	Yes	Yes
Cluster	No	No	No	Yes
R^2	0.071	0.476	0.494	0.494
N	20279	20242	20242	20242

注：*** 表示在 1% 的水平下显著，** 表示在 5% 的水平下显著，* 表示在 10% 的水平下显著。

　　实证结果表明，市场化发展与企业现金持有之间存在非线性关系，并且呈倒 "U" 型，证明假设 H2b 和假设 H3b 成立。在市场化发展初期，监管和惩罚措施不完善，引起腐败的增加。同时，改革初期对于各项措施的制定和实施，当地政府有自行决定权，企业会通过交易现金寻求政治利益。同时，政治关联性强的企业更容易通过增加现金持有来获得政策或利润的便利。鉴于此，改革初期，市场化发展增加了企业的现金。当市场化发展水平较高时，市场机制逐步建立，金融体系逐步完善，产权保护得到改善，法律环境也逐步加强，因此，企业内部代理问题逐步改善，投资者保护加强，信息不对称问题也逐步缓解，外部融资成本进一步降低。代理动机和预防动机的缓解降低了企业对现金的需求。因此，当市场化发展水平较高时，市场化发展会降低企业现金持有。综上所述，市场化发展与企业现金之间呈现倒 "U" 型关系。

3.4.4　交互效应

　　到目前为止，本章验证了市场化发展对企业现金持有的线性与非线性影响。本节将研究是否市场化发展的影响会随着公司性质的改变而改变。本节实证检验了市场化发展与公司总资产以及国有企业性质的交互效应。大量国有企业经营目标不仅是利润最大化，同时也包含很多社会目的，因此，国有企业可能对市场化发展存在不同的反应（Carpenter et al.，2015）。在研究样本中也包含了来自上海证券交易所、深证证券交易所、中小企业板以及创业板的企业。上海证券交易所和深圳证券交易所被称为主板（Main board），想要在这两个交易所上市的企业必须满足最高的要求，因此，主板上市企业主要是传统大型企业。中小企业板块（SME Board）要求要低于主板，并且主要为了中小企业融资需求而设计，在该交易所上市企业主要是来自于传统行业，中小企业板的上市公司的总资产仍然很高但是低于主板上市的企业。大多数来自信息技术行业的企业都在创业板（GEM）上市，这些企业相对主板和中小企业板上市的公司要更小。企业的总资产在不同的交易所有较大不同。规模更大的企业拥有更高的收入以及更大的市场份额，其本身受到的融资约束较小，所以市场化发展对其的影响可能不同。

为了验证该交互效应，将交互项加入模型中。

$$CASH_{it} = \lambda_0 + \lambda_1 MKT_t + \lambda_2 MKT \times Z_{it} + \sum_k \lambda_k CONTROL_{it}^k + \varepsilon_{it}$$

$$(3.3)$$

其中，Z 分别代表总资产（ASSET）和国有企业（STATE）。

实证结果如表 3.6 所示。模型（1）和模型（2）是市场化发展与国有企业的交互结果，模型（3）和模型（4）是市场化发展与总资产的交互结果。同时，模型（1）和模型（3）中使用了企业个体固定效应模型，模型（2）和模型（4）同时考虑了个体和时间双向固定效应，并且根据企业聚类了标准误。ASSET 和 STATE 的交互项的系数都显著为正，正的交互项系数将抵消掉上节中市场化发展的负向影响。与本节的预期一致，当企业规模增大，市场化发展的影响将减弱。正如前文所述，资产规模更大的企业风险更低，其外部融资能力更强，造成市场化发展对企业的现金持有的影响较小。同样，国有企业的现金持有同样较少受到市场化发展的影响。国有企业的发展与市场化发展息息相关，国有企业改革也属于市场化改革的重要方面，但在当前的形势下，国有企业的预算软约束效应仍然较强。在市场化改革过程中，国有企业会面对国资委的各项发展目标及约束条件，但其目的主要在于降低国有企业的政治关联及垄断地位，引导国有企业向市场化行为转变。因此，虽然市场化发展在国有企业改革过程中扮演了重要的角色，但是，从金融市场的角度看，国有企业的融资能力并未因此产生较大的改变，同时国有企业的预算软约束效应仍然存在。有鉴于此，基于现金持有的视角，市场化发展对国有企业的影响也较小。

表 3.6   市场化发展与总资产和国有企业的交互效应

变量	（1）	（2）	（3）	（4）
MKT	− 0. 0845 ***	− 0. 0648 ***	− 0. 112 ***	− 0. 167 ***
	（0. 00385）	（0. 00880）	（0. 0299）	（0. 0615）
MKT × STATE	0. 0835 ***	0. 0748 ***		
	（0. 00432）	（0. 00799）		
STATE	− 0. 599 ***	− 0. 533 ***		
	（0. 0329）	（0. 0619）		
MKT × ASSET			0. 00356 ***	0. 00582 **
			（0. 00132）	（0. 00266）
ASSET			− 0. 0602 ***	− 0. 0896 ***
			（0. 0110）	（0. 0219）
CF	1. 195 ***	1. 187 ***	1. 220 ***	1. 212 ***
	（0. 0153）	（0. 0235）	（0. 0156）	（0. 0240）
NWC	− 0. 635 ***	− 0. 651 ***	− 0. 628 ***	− 0. 651 ***
	（0. 0222）	（0. 0481）	（0. 0225）	（0. 0488）
CAPEX	0. 00805	0. 00873	− 0. 000451	− 0. 0171
	（0. 0247）	（0. 0359）	（0. 0252）	（0. 0362）
LIQ	− 0. 0175	− 0. 0119	− 0. 0303	− 0. 0136
	（0. 0293）	（0. 0487）	（0. 0297）	（0. 0505）
MB	− 0. 0246 ***	− 0. 0247 ***	− 0. 0290 ***	− 0. 0320 ***
	（0. 00149）	（0. 00376）	（0. 00155）	（0. 00343）
LEV	− 0. 879 ***	− 0. 886 ***	− 0. 875 ***	− 0. 876 ***
	（0. 0233）	（0. 0502）	（0. 0237）	（0. 0524）
ROA	0. 319 ***	0. 253 ***	0. 306 ***	0. 258 ***
	（0. 0431）	（0. 0701）	（0. 0438）	（0. 0688）
SIZE	− 0. 0540 ***	− 0. 0602 ***	− 0. 0391 ***	− 0. 0431 ***
	（0. 00370）	（0. 00814）	（0. 00545）	（0. 0104）
DIV	0. 0261 ***	0. 0231 ***	0. 0306 ***	0. 0271 ***
	（0. 00543）	（0. 00566）	（0. 00548）	（0. 00575）
Constant	2. 507 ***	2. 411 ***	3. 132 ***	3. 775 ***
	（0. 0680）	（0. 180）	（0. 218）	（0. 470）

变量	（1）	（2）	（3）	（4）
Year FE	No	Yes	No	Yes
Firm FE	Yes	Yes	Yes	Yes
Cluster	No	Yes	No	Yes
R^2	0.486	0.501	0.476	0.495
N	20242	20242	20242	20242

注：*** 表示在 1% 的水平下显著，** 表示在 5% 的水平下显著，* 表示在 10% 的水平下显著。

3.5 稳健性检验

为了验证上述模型的稳健性，本节将因变量替换为两个其他的现金持有的指标进行稳健性检验。一是现金总资产比，现有文献中，除了现金净资产比以外，现金总资产比也被广泛应用（奥兹坎和奥兹坎，2004；法里尼亚等，2018），现金总资产比（CASH2）等于现金及可交易证券除以总资产；二是与现金总资产比类似，但是从现金总资产比中剔除了可交易证券，即现金除以总资产（CASH3）。

本节同时验证了线性关系以及非线性关系，实证结果如表 3.7 所示。对 CASH2 的估计结果在模型（1）和模型（2），模型（3）和模型（4）给出了对 CASH3 的估计结果。所有模型都考虑了企业个体和时间双向固定效应，并且根据企业聚类了标准误。实证结果显示，在替换了因变量之后，所有系数的符号都与预期相符，并且显著，表明市场化发展对现金持有的影响在新的指标下仍然适用。由此可以得出，当市场化程度越发达，企业现金持有越少，并且两者呈现倒"U"型关系。

表 3.7　　　　　　　　　不同现金持有指标下的估计结果

变量	CASH2		CASH3	
	（1）	（2）	（3）	（4）
MKT	− 0.00972 ***	0.0336 ***	− 0.00912 ***	0.0331 ***
	(0.00282)	(0.00890)	(0.00281)	(0.00876)
MKT^2		− 0.00261 ***		− 0.00253 ***
		(0.000513)		(0.000506)

续表

变量	CASH2		CASH3	
	（1）	（2）	（3）	（4）
CF	0.398 ***	0.398 ***	0.402 ***	0.402 ***
	（0.00664）	（0.00665）	（0.00666）	（0.00667）
NWC	-0.257 ***	-0.255 ***	-0.252 ***	-0.249 ***
	（0.0159）	（0.0158）	（0.0157）	（0.0157）
CAPEX	0.00265	0.00180	0.00782	0.00699
	（0.0117）	（0.0117）	（0.0118）	（0.0118）
LIQ	-0.0162	-0.0185	-0.0174	-0.0197
	（0.0178）	（0.0177）	（0.0177）	（0.0176）
MB	-0.00696 ***	-0.00670 ***	-0.00711 ***	-0.00686 ***
	（0.00118）	（0.00118）	（0.00116）	（0.00116）
ROA	-0.379 ***	-0.376 ***	-0.375 ***	-0.371 ***
	（0.0173）	（0.0172）	（0.0174）	（0.0174）
SIZE	0.138 ***	0.139 ***	0.134 ***	0.134 ***
	（0.0236）	（0.0236）	（0.0226）	（0.0226）
DIV	-0.0153 ***	-0.0149 ***	-0.0147 ***	-0.0143 ***
	（0.00276）	（0.00273）	（0.00267）	（0.00265）
Constant	0.0118 ***	0.0119 ***	0.0118 ***	0.0119 ***
	（0.00210）	（0.00210）	（0.00209）	（0.00209）
Year FE	Yes	Yes	Yes	Yes
Firm FE	Yes	Yes	Yes	Yes
Cluster	Yes	Yes	Yes	Yes
R^2	0.521	0.523	0.526	0.528
N	20243	20243	20243	20243

注：***表示在1%的水平下显著，**表示在5%的水平下显著，*表示在10%的水平下显著。

此外，在本节的样本区间中经历了全球金融危机，包括美国次贷危机和欧洲主权债务危机。全球金融危机可能对企业现金持有产生影响，因为经济衰退可能导致企业利润的下降以及投资机会的减少，进而企业现金持有也会受到影响。为了分离全球金融危机的影响，本节参照冈萨雷斯（González，2015）的方法将整体样本分为两个子样本：本节的第一个子样本包含了危机中的时间区间，即 2008 ~ 2012 年；第二个子样本是 2013 ~ 2016 年，代表危机后的时间区间。实证结果如表 3.8 所示，模型（1）表示危机中的结果，危机后的结果在模型（2）中给出。研究结果显示，两个子样本的估计结果都与全样本的结果一致，说明市场化发展对企业现金持有的影响并没有受到全球金融危机的影响。

表 3.8   不同样本区间下市场化发展不确定性对现金持有的影响

变量	2008 ~ 2012 年 (1)	2013 ~ 2016 年 (2)	Full sample (3)
MKT	- 0. 0142 * (0. 00802)	- 0. 0222 * (0. 0115)	- 0. 0330 *** (0. 00791)
CF	1. 113 *** (0. 0274)	0. 834 *** (0. 0408)	1. 202 *** (0. 0235)
NWC	- 0. 426 *** (0. 0464)	- 0. 674 *** (0. 0741)	- 0. 659 *** (0. 0483)
CAPEX	- 0. 0231 (0. 0551)	0. 113 *** (0. 0387)	0. 0116 (0. 0364)
LIQ	- 0. 228 *** (0. 0545)	0. 0713 (0. 0710)	- 0. 00321 (0. 0491)
MB	- 0. 00834 (0. 00531)	- 0. 00724 * (0. 00370)	- 0. 0279 *** (0. 00376)
LEV	- 0. 581 *** (0. 0531)	- 0. 868 *** (0. 0716)	- 0. 889 *** (0. 0505)
ROA	0. 157 * (0. 0849)	0. 179 ** (0. 0892)	0. 278 *** (0. 0706)
SIZE	- 0. 0298 ** (0. 0117)	- 0. 0315 *** (0. 00865)	- 0. 0708 *** (0. 00834)
DIV	0. 0128 ** (0. 00599)	0. 00539 (0. 00622)	0. 0260 *** (0. 00574)
Constant	1. 341 *** (0. 254)	1. 548 *** (0. 207)	2. 382 *** (0. 183)
Year FE	Yes	Yes	Yes

续表

变量	2008～2012年	2013～2016年	Full sample
	（1）	（2）	（3）
Firm FE	Yes	Yes	Yes
Cluster	Yes	Yes	Yes
R^2	0.536	0.365	0.493
N	9677	10565	20242

注: *** 表示在1%的水平下显著，** 表示在5%的水平下显著，* 表示在10%的水平下显著。

3.6　本章小结

库斯纳迪等（2015）研究发现，基于干预效应，企业的现金持有会随着市场化发展而增加，并且用1999～2007年的数据实证了该理论，但该理论可能存在一些不足。首先，其隐含的基本假设为政府腐败程度会随着市场化发展而降低，但事实上腐败与经济增长之间并不仅仅是简单的负向关系。经济改革早期，经济增长给企业带来了大量的利润以及腐败的诱惑，同时缺乏相应的监管，地方政府自行决定权可能会加剧腐败；其次，市场化指数本身也很难刻画政府的腐败程度，该指标主要体现了市场经济的几个主要环节、市场竞争程度等，与腐败程度并无直接关系；最后，库斯纳迪等（2015）的主要结论是，基于干预效应，企业的现金持有会随着市场化发展而增加，并且用1999～2007年的数据实证了该理论，但这一理论并不适用于中国实际，2008年后中国的市场化发展仍然呈现递增的趋势，而企业现金持有从2010年开始出现大幅下降，该现象与库斯纳迪等（2015）的预期相反。可以看出，从干预效应角度来解释其变化似乎有所不足。

本章对市场化发展与企业现金持有之间的关系进行了再检验。结果发现，一是市场化发展会使企业持有更少的现金。表明市场化发展的主要影响在于缓解代理问题、加强投资者保护、缓解信息不对称、降低融资成本，进而降低企业对现金的需求。二是市场化发展对现金持有的影响是非线性的，呈现倒"U"型变化。在市场化发展初期，监管和惩罚措施不完善，引起腐败的增加，当地政府对于各项措施的制定和实施有自行决定权，企业会通过交易现金寻求政治利益，使得政治关联性强的企业更容易通过增加现金持有来获得政策或利润的便利。但市场化发展水平较高时，市场化发展会降低企业现金持有，改革初期市场化发展增加了企业的现金，而当市场化发展水平较高时，市场机制逐步建立，金融体系逐步完善，产权保护得到改善，法律环境也逐步加强，企业内部代理问题逐步改善，投资者保护加强，信息不对称问题也逐步缓解，外部融资成本进一步降低。代理动机和预防动机的缓解降低了企业对现金的需求。三是市场化发展对国有企业的影响并不显著，同时资产规模较大的企业也较少受到影响。

第4章 行业竞争对企业现金
持有的影响研究

第3章从区域角度分析了市场化发展对企业现金持有的影响。研究表明，市场化发展可以降低政府干预、减少融资成本、缓解融资约束，进而减少企业对现金的需求。本章将从行业角度来研究市场竞争对于企业现金持有的影响。行业竞争加剧时，企业会倾向于增加投资和研发支出，根据融资优序理论，投资的资金先来源于内部融资，因此，企业会减少现金持有。

本章所选取的样本来源于1998～2016年的中国股票市场。实证结果表明，企业现金持有随着行业竞争的增大而减少；现金持有与行业竞争之间的关系是非线性的，呈"U"型。另外，分位数回归的结果显示，随着企业现金持有的升高，行业竞争对现金持有的影响呈现上升的趋势，但行业竞争对现金持有的影响在国有企业中有所缓解，总资产较大的企业也较少受到行业竞争的影响。

4.1 引　言

大量的文献研究了风险与企业现金持有。由于风险增加，企业支出可能高于预期，因此，出于预防动机，企业会增加现金持有（奥普勒等，1999；贝特斯等，2009）。现有文献研究了一系列公司层面的风险：现金流风险（奥普勒等，1999；贝特斯等，2009）、股票收益波动（Gao et al. , 2017；Im et al. , 2017）、投资机会风险（杜钦，2010）、再融资风险（哈福德等，2014），等等。此外，宏观层面的风险也有所研究：系统风险（高等，2017）、经济政策不确定性（德米尔和厄桑，2017）、政治不确定性（许等，2016）等。本章研究了行业竞争的影响，也被称为捕食风险（Predation risk），其对企业的影响非常重要，捕食风险会改变企业的投融资决策，如对冲行为 (Haushalter et al.，2007)、杠杆率 (Xu，2012)、企业投资 (Jiang et al.，2015)、银行贷款融资 (Boubaker et al.，2018) 等。作为全球第二大经济体，中国的经济问题受到了广泛关注。改革开放以来，中国经济在过去40多年实现了跨越式发展，对于大多数行业来说，市场机制的价格体系已经建立了起来 (Conway et al.，2010)。中国正在经历的经济转型和商品市场竞争为研究行业竞争与企业现金持有提供了重要的素材和范例。

一些文献也将行业竞争与现金持有进行了关联。在竞争更强的市场中，投资分散型企业所持有的现金并不显著低于投资集中型企业。弗雷萨德 (Fresard，2010) 的研究表明，从未来市场份额收益的角度出发，在竞争更强的市场，持有更高现金的企业显著业绩更好。不同于行业竞争，何 (He，2018) 将天赋竞争与现金持有联系起来，结果表明，当该行业的天赋竞争较为集中时，企业的现金持有会增加，并且对于天赋更加集中的企业和在基于知识的竞争更加强烈的行业，该效应会更强。此外，莫夫 (Alimov，2014) 从投资者角度研究了企业现金价值与行业竞争的关系。莫夫 (2014) 将1989年加拿大与美国的自由贸易协定作为对行业竞争的外生冲击，证明关税降低会导致现金价值升高，特别是在进口关税较高的行业。豪沙尔特等 (2007) 基于制造业的数据证明了行业竞争对企业现金持有有正向的影响，当企业的投资机会与竞争对手的相互依赖性更高时，该影响会更强，且当企业更接近行业的技术核心时，企业会持有更多的现金。现有研究较少直接将行业竞争与现金持有联系起来，而豪沙尔特等 (2007) 也仅关注了制造业的数据，并不具有一般性，且只验证了其线性关系。

与第3章所使用的样本区间不同，由于不涉及市场化发展指数，本章可以采用更长的样本区间。上市公司现金流数据从1998年开始公布，因此，本章将采用1998~2016年中国股票市场数据。研究发现，一是现金持有随着竞争的加剧而降低。行业竞争导致企业增加投资，基于融资优序理论企业优先选择内部融资，进而企业将减少所持有的现金。二是行业竞争与现金持有则呈现"U"型的关系。三是行业竞争对现金持有的影响会随着现金持有的增加而呈现递增的趋势。四是行业竞争加剧对国有企业和规模更大企业带来的影响相对较弱。

本章对现有研究的贡献主要体现在下面几个方面。第一，现有文献鲜有研究行业竞争与现金持有之间的关系，本章对该领域做出了补充。本章的部分研究结果与豪沙尔特等（2007）的结论一致，现金持有随着竞争加剧而减少，但是豪沙尔特等（2007）仅仅研究了制造业企业，本章研究样本涵盖了除金融部门以外的整个中国股票市场，其研究结果更具一般性和普适性。第二，本章研究了行业竞争与现金持有之间的非线性关系，弥补了现有文献的不足。基于阿吉翁（Aghion et al., 2005）和融资优序理论（Myers and Majluf, 1984），本章假设两者之间存在一种"U"型的关系。现有文献假定行业竞争影响并不随其竞争程度的改变而改变，忽略了不同行业竞争程度下其对企业投资产生不同影响。第三，基于面板分位数回归模型，本章验证了行业竞争影响是否会随着现金持有水平的不同而有所变化，线性关系来自于均值回归，分位数回归可以提供更加完整的信息。第四，本章也将现有研究扩展至企业异质性，研究了行业竞争影响在不同规模的企业以及国有与非国有企业中的差异。

本章后面的安排如下，第 4.2 节阐述了本章的理论基础，在第 4.3 节中介绍了变量及模型，第 4.4 节进行了数据说明和实证分析，第 4.5 节检验了模型的稳健性，第 4.6 节进行了总结。

4.2　理 论 基 础

本章将提出两个基本假设并在实证部分对其进行验证。首先，行业竞争会使得企业增加研发与投资支出，因此行业竞争与公司现金持有之间存在反向的关系。现有文献已经证明行业竞争与研发创新之间存在正向的关系。杰罗斯基（Geroski, 1990）对经典的熊彼特假说提出了质疑，熊彼特假说提出垄断会刺激创新。杰罗斯基（1990）研究发现，在不同垄断力量指标下，市场集中度会降低创新，进而研发投入也会降低。尼克尔（Nickell, 1996）发现竞争可以改善企业的表现，其中一个可能的解释为研发支出与行业竞争之间的正向关系。另外，企业投资与行业竞争也存在正向的关系。基于实物期权理论，当企业面临不确定性时，如果等待期权的价值更高，则企业会推迟投资，但随着不确定性的增加，等待期权的价值降低，而成长期权的价值会上升，获取市场份额以及发展企业的概率也越来越大。因此，不确定性越低时企业投资越小，相反高风险会刺激投资。蒋等（Jiang et al., 2015）研究发现，由于中国正在经历较大的可预期经济增长，面对高竞争时企业会选择更早投资以便占领市场，维欧和李（Vo and Le，2017）也得到了同样的结论。在面对不确定性时，企业会投资更多，且该效应在企业面临更高行业竞争度时会更加强烈。此外，融资优序理论（梅耶斯和马基卢夫，1984）表明，企业先选择使用内部融资，当内部资金不足时才会需要外部融资。因此，如果融资优序理论成立，当企业推迟投资时现金持有会增加，而企业选择增加投资时现金持有则会下降。因此，本章提出第一个假设：

H1：企业现金持有会随着行业竞争的增加而减少。

同时，阿吉翁等（2005）构建了一个理论模型，该模型指出，企业的创新激励主要是取决于创新前收益及创新后收益之差，由于竞争对创新前收益的影响要大于创新后收益，因此，竞争可以促进创新和增长。这种情况在技术水平相当的行业尤为明显，对于势均力敌的企业来说，竞争会增加企业的创新收益，进而激励企业进行研发投资，由此来逃离竞争。而在另一些行业中，若创新主要是由后进的企业所进行，其利润较低，市场竞争将主要影响创新后利润，因此熊彼特效应会更强。

有鉴于此，当竞争较低时逃离竞争效应会更强，势均力敌的企业会选择创新，研发投资会增加，企业通过内部融资来投资，则现金持有下降；当竞争较高时，熊彼特效应会更强，通过降低后入成本，落后的企业会倾向于不创新，研发投资下降，则现金持有增加。该模型预测竞争与创新之间存在倒"U"型关系，基于英国的面板数据，该倒"U"型关系也被实证验证了。基于阿吉翁等（2005）的发现以及融资优序理论，本章提出第二个假设：

H2：行业竞争与现金持有之间存在"U"型的关系。

4.3 变量定义及模型设定

本章的核心被解释变量为现金持有，与第3章一致，本章也将采用现金净资产比来测度企业的现金持有。

4.3.1 行业竞争

现有文献中广泛使用的行业竞争的指标是赫芬达尔—赫希曼指数（Herfindahl-Hirschman Index），该指数是市场份额的平方之和：

$$HHI_{Jt} = \sum_{J=1}^{N_j} S_{ijt}^2 \tag{4.1}$$

其中，S_{ijt} 代表第 t 年在行业 j 的公司 i 的市场份额，N_j 代表行业 j 中的公司数量。更高的赫芬达尔—赫希曼指数（HHI）指数意味着更高的行业集中度，也就是更少的行业竞争度。

4.3.2 模型设定

$$CASH_{it} = \beta_0 + \beta_1 HHI_{jt} + \sum_k CONTROL_{it}^k + \varepsilon_{it} \tag{4.2}$$

其中，对于公司 i 及年份 t，$CASH$ 代表现金持有，HHI_{jt} 代表第 t 年在行业 j 的行业竞争程度，$CONTROL$ 代表所有的控制变量，ε 表示无法观测的随机误差。

同样，本章将沿用第 3 章的模型设定，继续使用第 3 章中的所有控制变量。因此，此处将不再赘述控制变量的选取依据。

4.4 数据来源和实证分析

4.4.1 数据来源

由于中国上市企业的现金流数据从 1998 年开始，因此，本章样本区间选取为 1998～2016 年的年度数据。因为部分企业数据不完整导致本章所用的数据为非平衡面板数据。同样，研究过程中我们对数据在 1% 和 99% 的水平上进行了缩尾处理。

所有变量的具体定义如表 4.1 所示，描述性统计结果如表 4.2 所示。总体来看，中国企业持有现金及可交易证券占净现金资产的 29%，其标准差为 0.36。赫芬达尔—赫希曼指数均值为 0.07，标准差为 0.12。表 4.3 报告了变量间的皮尔森相关系数，该表结果显示不存在多重共线性问题。

表 4.1   变量定义

变量	定义
CASH	现金及可交易证券与净现金资产的比率，后者等于总资产减去现金及可交易证券
HHI	赫芬达尔—赫希曼指数，定义为式（4.1）
CF	现金流除以净现金资产
NWC	净运营资本与现金之差除以总资产
CAPEX	资本支出除以总资产
LIQ	应收账款加存货减去应付账款之和除以净现金资产
MB	市价对账面价值比率
LEV	负债除以总资产
ROA	每年的企业资产收益率
SIZE	总营业额的自然对数
DIV	股东分红的虚拟变量。若该季度有分红，则变量取 1，反之则取 0

表 4.2   变量的描述性统计

变量	N	Mean	S. D	Skewness	Kurtosis	P25	P50	P75	Min	Max
CASH	31928	0.290	0.360	3.090	14.37	0.0900	0.170	0.330	0	2.210
HHI	32028	0.0700	0.120	3.370	16.63	0.0100	0.0100	0.0700	0.0100	0.990
CF	31836	0.0200	0.110	1.470	7.800	−0.0300	0.0100	0.0500	−0.260	0.500
NWC	31929	−0.0100	0.220	−0.580	4.140	−0.140	0	0.130	−0.810	0.480
CAPEX	31926	−0.0600	0.0900	−0.810	4.720	−0.110	−0.0500	−0.0100	−0.360	0.160
LIQ	31940	0.190	0.160	0.800	3.580	0.0700	0.170	0.280	−0.110	0.710
MB	31940	1.760	1.400	2.970	13.90	0.960	1.310	2.020	0.500	9.330
LEV	31940	0.460	0.230	0.530	3.680	0.290	0.460	0.610	0.0500	1.280
ROA	31929	0.0300	0.0700	−2.080	11.82	0.0100	0.0400	0.0600	−0.320	0.190
SIZE	31892	20.88	1.510	0.210	3.400	19.90	20.80	21.77	16.80	25.05
DIV	32000	0.610	0.490	−0.470	1.220	0	1	1	0	1

表 4.3

变量间的皮尔森相关系数

变量	CASH	HHI	CF	NWC	CAPEX	LIQ	MB	LEV	ROA	SIZE	DIV
CASH	1										
HHI	0.097***	1									
CF	0.482***	0.014**	1								
NWC	0.081***	-0.061***	-0.015***	1							
CAPEX	0.010*	-0.00600	0.160***	-0.042***	1						
LIQ	-0.176***	-0.074***	-0.077***	0.507***	0.213***	1					
MB	0.032***	0.038***	-0.022***	-0.039***	0.097***	-0.065***	1				
LEV	-0.389***	-0.015***	-0.111***	-0.612***	0.189***	0.119***	-0.00200	1			
ROA	0.232***	-0.014**	0.176***	0.322***	-0.197***	-0.074***	-0.033***	-0.449***	1		
SIZE	-0.126***	-0.102***	-0.024***	-0.089***	-0.058***	-0.141***	-0.259***	0.220***	0.193***	1	
DIV	0.196***	-0.037***	0.108***	0.223***	-0.213***	-0.088***	-0.117***	-0.297***	0.427***	0.286***	1

注：*** 表示在 1% 的水平下显著，** 表示在 5% 的水平下显著，* 表示在 10% 的水平下显著。

4.4.2 行业竞争对现金持有的影响

行业竞争对现金持有影响的估计结果如表4.4所示。本节使用的模型设定与第3.4节一致：模型（1）代表了没有任何控制变量和聚类标准误的混合回归结果；模型（2）中加入了所有的控制变量，同时为了在估计结果中去掉企业的异质性的潜在的影响，在模型（2）中使用了企业个体固定效应模型；模型（3）和模型（4）同时考虑了个体和时间双向固定效应，并且模型（4）根据企业聚类了标准误。

所有实证模型设计估计结果如表4.4所示，研究发现：一是HHI指数对企业现金持有在1%的显著性水平上有明显的正向的影响，即行业集中度越高时，企业持有更多的现金；反之行业竞争增大时，企业持有更少的现金。二是行业竞争每增加一个单位，会预计导致企业现金持有相对于平均的现金持有率31%增加0.33%。正如我们所预期的行业竞争降低了企业的现金持有，验证了本章的第一个假设。对于其他控制变量来说，净运营资本越大的企业持有更少现金，净运营资本与现金之间是互相替代的关系。资本支出符号显著为负，与预期一致，资本支出会增加企业的外部融资能力，降低对现金需求。现金流跟现金持有之间呈现正向关系，该结论与奥普勒等（1999）和许等（2016）的结果一致。利润率更高的企业倾向于持有更多的现金，一般来说，市价对账面价值比率（MB）与企业现金持有正相关（奥普勒等，1999；迪特马尔等，2003；贝特斯等，2009；法里尼亚等，2018），但是这种关系在中国并不成立。现金持有随着市价对账面价值比率的升高而降低，市价对账面价值比率代表了企业的成长机会，即高成长机会的企业持有更少的现金，与许等（2016）的研究结论一致。规模越大的企业倾向于持有更少的现金，与法里尼亚等（2018）的结论一致。股东分红的系数为正，表明股东分红对现金持有呈正向的影响。流动性的估计结果在统计学上并不显著。

表4.4　　　　　　　　　　　行业竞争对企业现金持有的影响

变量	(1)	(2)	(3)	(4)
HHI	0.436 ***	0.390 ***	0.330 ***	0.330 ***
	(0.0309)	(0.0241)	(0.0237)	(0.0481)
CF		1.160 ***	1.144 ***	1.144 ***
		(0.0113)	(0.0112)	(0.0158)

续表

变量	（1）	（2）	（3）	（4）
NWC		− 0. 442 ***	− 0. 465 ***	− 0. 465 ***
		（0. 0138）	（0. 0137）	（0. 0272）
CAPEX		− 0. 0180	− 0. 0516 ***	− 0. 0516 **
		（0. 0168）	（0. 0166）	（0. 0244）
LIQ		− 0. 0734 ***	0. 0189	0. 0189
		（0. 0159）	（0. 0163）	（0. 0256）
MB		− 0. 0169 ***	− 0. 0176 ***	− 0. 0176 ***
		（0. 00107）	（0. 00126）	（0. 00314）
LEV		− 0. 585 ***	− 0. 625 ***	− 0. 625 ***
		（0. 0136）	（0. 0133）	（0. 0285）
ROA		0. 141 ***	0. 103 ***	0. 103 ***
		（0. 0242）	（0. 0241）	（0. 0389）
SIZE		− 0. 0154 ***	− 0. 0274 ***	− 0. 0274 ***
		（0. 00158）	（0. 00202）	（0. 00422）
DIV		0. 0271 ***	0. 0248 ***	0. 0248 ***
		（0. 00341）	（0. 00335）	（0. 00391）
Constant	0. 257 ***	0. 843 ***	1. 006 ***	1. 006 ***
	（0. 00255）	（0. 0320）	（0. 0395）	（0. 0831）
Year FE	No	No	Yes	Yes
Firm FE	No	Yes	Yes	Yes
Cluster	No	No	No	Yes
R^2	0. 007	0. 414	0. 453	0. 453
N	31928	31780	31780	31780

注：*** 表示在 1% 的水平下显著，** 表示在 5% 的水平下显著，* 表示在 10% 的水平下显著。

4.4.3　行业竞争与现金持有的非线性关系

至此，本章已经证明企业现金持有随着行业竞争而减少。本节将进一步验证行业竞争与现金持有之间的非线性关系。为了证实该效应，本节在上一节的模型中加入 HHI 指数的平方项。因此，本节将估计以下模型：

$$CASH_{it} = \beta_0 + \beta_1 HHI_t + \beta_2 HHI_t^2 + \sum_k \beta_k CONTROL_{it}^k + \varepsilon_{it} \qquad (4.3)$$

实证结果如表4.5所示。与第3.4节一样，本节同样使用了多个模型设定：模型（1）代表了没有任何控制变量和聚类标准误的混合回归结果；模型（2）中加入了所有的控制变量，同时为了在估计结果中去掉企业的异质性的潜在的影响，在模型（2）中使用了企业个体固定效应模型；模型（3）和模型（4）同时考虑了个体和时间双向固定效应，并且模型（4）根据企业聚类了标准误。

表4.5 行业竞争对企业现金持有的非线性影响

变量	(1)	(2)	(3)	(4)
HHI	0. 717 ***	1. 002 ***	0. 713 ***	0. 713 ***
	(0. 0625)	(0. 0657)	(0. 0649)	(0. 128)
HHI^2	− 0. 414 ***	− 0. 736 ***	− 0. 458 ***	− 0. 458 ***
	(0. 0777)	(0. 0734)	(0. 0722)	(0. 132)
CF		1. 160 ***	1. 145 ***	1. 145 ***
		(0. 0113)	(0. 0112)	(0. 0158)
NWC		− 0. 447 ***	− 0. 467 ***	− 0. 467 ***
		(0. 0138)	(0. 0137)	(0. 0273)
CAPEX		− 0. 0204	− 0. 0518 ***	− 0. 0518 **
		(0. 0167)	(0. 0166)	(0. 0243)
LIQ		− 0. 0669 ***	0. 0202	0. 0202
		(0. 0159)	(0. 0163)	(0. 0256)
MB		− 0. 0167 ***	− 0. 0174 ***	− 0. 0174 ***
		(0. 00107)	(0. 00126)	(0. 00313)
LEV		− 0. 590 ***	− 0. 627 ***	− 0. 627 ***
		(0. 0136)	(0. 0133)	(0. 0285)
ROA		0. 137 ***	0. 103 ***	0. 103 ***
		(0. 0242)	(0. 0241)	(0. 0388)
SIZE		− 0. 0158 ***	− 0. 0273 ***	− 0. 0273 ***
		(0. 00158)	(0. 00202)	(0. 00422)
DIV		0. 0276 ***	0. 0248 ***	0. 0248 ***
		(0. 00340)	(0. 00334)	(0. 00391)

续表

变量	（1）	（2）	（3）	（4）
Constant	0. 301 ***	0. 826 ***	0. 987 ***	0. 987 ***
	(0. 00618)	(0. 0320)	(0. 0396)	(0. 0837)
Year FE	No	No	Yes	Yes
Firm FE	No	Yes	Yes	Yes
Cluster	No	No	No	Yes
R^2	0. 0081	0. 416	0. 454	0. 454
N	31928	31780	31780	31780

注：***表示在1%的水平下显著，**表示在5%的水平下显著，*表示在10%的水平下显著。

在控制了企业与时间双向固定效应后，结果显示，HHI 指数平方项的系数显著为负，表示行业集中度指数与企业现金持有之间呈现显著的倒"U"型关系，即行业竞争与企业现金持有之间呈显著的"U"型关系。该结果表明，当行业竞争较低时，企业现金持有随竞争的加剧而降低，但当行业竞争水平升高，并达到某一较高水平时，企业的现金持有会随着竞争的增加而增加。本节的发现对融资优序理论及阿吉翁等（2005）的理论给予了强力的证明。正如前文所讨论的，当竞争较低时，逃离竞争效应更强，为了得到市场，势均力敌的企业有动机增加创新，进而研发投入增加，由于企业选择减少现金的方式来对研发投资进行融资，企业的现金持有开始减少；当竞争很强时，熊彼特效应更强，后发企业为了降低后入成本，倾向于减少创新，进而减少研发支出，企业现金持有会上升。

4.4.4　分位数回归

行业竞争对现金持有影响的均值回归结果如表4.4所示，总体来看，企业现金持有会随着行业竞争而降低。进一步分析行业竞争对不同水平的现金持有的影响，面板分位数回归可以提供更完整的信息，七个分位点被估计，从最低的0.05到最高的0.95。

面板分位数回归的结果如表4.6所示。研究发现，不同的现金持有水平下，行业竞争的影响有所不同。前两个分位点的系数为负，之后变为正值，表明当现金持有水平较低时，行业竞争的加剧会使得企业持有更多的现金。行业竞争的影响呈现一个上升的趋势，即随着现金持有水平的增加，行业竞争的影响也越来越强。究其原因在于当企业持有的现金较少时，面临增加的行业竞争，出于预防动机，企业倾向于持有更多的现金。对于低现金的企业来说，投资是有风险的，而且成本较高，故企业选择不投资，进而现金增加。相反，当企业所持有的现金水平较高时，竞争的增加会使得企业投资更多，其原因在于对于现金丰富的企业来说，投资的风险和成本都更低，进而现金减少。基于此，企业所持有的现金越多，企业投资的风险越低，行业竞争对企业现金持有的影响呈现递增的趋势。

表 4.6 分位数回归的结果

变量	q05	q10	q25	q50	q75	q90	q95
HHI	− 0. 0115 *** (0. 000148)	− 0. 00843 *** (0. 000477)	0. 0613 *** (0. 00127)	0. 00632 (0. 00571)	0. 216 *** (0. 0101)	0. 638 *** (0. 00348)	0. 897 *** (0. 0107)
CF	0. 998 *** (4. 17e − 05)	0. 959 *** (0. 00162)	0. 899 *** (0. 00278)	0. 985 *** (0. 00151)	0. 952 *** (0. 0150)	1. 269 *** (0. 0396)	1. 353 *** (0. 0132)
NWC	− 0. 0173 *** (7. 16e − 05)	− 0. 0545 *** (0. 00417)	− 0. 0508 *** (0. 00437)	− 0. 190 *** (0. 00611)	− 0. 297 *** (0. 000896)	− 0. 595 *** (0. 0215)	− 0. 485 *** (0. 0438)
CAPEX	− 0. 0144 *** (0. 000154)	− 0. 0475 *** (0. 00436)	− 0. 0763 *** (0. 00892)	− 0. 0533 *** (0. 00535)	0. 0745 *** (0. 00648)	− 0. 0446 (0. 100)	0. 348 *** (0. 0386)
LIQ	0. 0215 *** (9. 84e − 05)	0. 0457 *** (0. 00223)	− 0. 0356 *** (0. 00451)	0. 0884 *** (0. 00371)	0. 0139 (0. 0135)	0. 0591 *** (0. 0106)	− 0. 160 *** (0. 0467)
MB	0. 00186 *** (2. 29e − 05)	0. 00339 *** (0. 000166)	0. 00215 *** (0. 000140)	0. 00633 *** (5. 17e − 05)	0. 00493 *** (0. 00131)	0. 00435 ** (0. 00194)	0. 00826 *** (0. 00231)
LEV	− 0. 0498 *** (9. 22e − 05)	− 0. 106 *** (0. 00201)	− 0. 177 *** (0. 00325)	− 0. 363 *** (0. 00237)	− 0. 633 *** (0. 00718)	− 1. 063 *** (0. 0323)	− 1. 112 *** (0. 0504)
ROA	0. 00416 *** (0. 000268)	0. 00597 (0. 00509)	0. 00339 (0. 00473)	0. 0403 *** (0. 00273)	0. 0103 (0. 0349)	− 0. 173 *** (0. 0235)	− 0. 0911 *** (0. 00880)
SIZE	0. 00285 *** (1. 89e − 05)	0. 00555 *** (6. 15e − 05)	0. 000395 * (0. 000203)	0. 00114 *** (6. 86e − 05)	− 0. 0179 *** (0. 00201)	− 0. 0197 *** (0. 000449)	− 0. 0448 *** (0. 00411)
DIV	0. 0176 *** (3. 75e − 05)	0. 0128 *** (0. 000952)	0. 0138 *** (0. 000289)	0. 0184 *** (0. 00161)	0. 0572 *** (0. 000162)	0. 0722 *** (0. 0168)	0. 102 *** (0. 00303)
N	31780	31780	31780	31780	31780	31780	31780

注：*** 表示在1%的水平下显著，** 表示在5%的水平下显著，* 表示在10%的水平下显著。

4.4.5   交互效应

到目前为止，本章验证了行业竞争的线性与非线性影响。本节将研究该效应是否会随着公司性质的改变而改变。本节验证了行业竞争与公司总资产以及国有企业性质的交互效应。正如第 3 章中所解释的那样，中国上市企业中存在大量的国有企业，其特殊的企业性质导致其对行业竞争的影响有不同的反应，且样本中的企业来自四大不同的交易所，企业的总资产差异性较大，也可能导致企业的行为的差异。

为了验证该交互效应，将交互项加入模型中。

$$CASH_{it} = \lambda_0 + \lambda_1 HHI_t + \lambda_2 HHI \times Z_{it} + \sum_k \lambda_k CONTROL_{it}^k + \varepsilon_{it} \quad (4.4)$$

其中，Z 代表总资产（ASSET）和国有企业（STATE）。

实证结果如表 4.7 所示。模型（1）和模型（2）是国有企业的交互结果，与总资产的交互结果在模型（3）和模型（4）。模型（1）和模型（3）中使用了企业个体固定效应模型，模型（2）和模型（4）同时考虑了个体和时间双向固定效应，并且根据企业聚类了标准误。ASSET 和 STATE 的交互项系数都显著为负，与本节预期一致，当企业规模增大，行业竞争对企业现金持有的影响被减弱。正如前文所述，大型企业风险更低，在面对竞争时它们并不选择投资更多。同样，由于利润最大化可能并不是国有企业的首要目标，它们没有太大的动机去增加投资，国有企业同样较少受到竞争的影响。

表 4.7   **行业竞争与总资产和国有企业的交互效应**

变量	（1）	（2）	（3）	（4）
HHI	0.650 *** (0.0338)	0.542 *** (0.0925)	3.215 *** (0.252)	3.022 *** (0.749)
HHI × STATE	− 0.411 *** (0.0369)	− 0.330 *** (0.102)		
STATE	− 0.00651 (0.00616)	0.00811 (0.0102)		
HHI × ASSET			− 0.138 *** (0.0122)	− 0.131 *** (0.0353)

续表

变量	（1）	（2）	（3）	（4）
ASSET			-0.0159***	-0.0211**
			(0.00321)	(0.00935)
CF	1.161***	1.145***	1.165***	1.151***
	(0.0113)	(0.0158)	(0.0113)	(0.0160)
NWC	-0.444***	-0.463***	-0.423***	-0.455***
	(0.0138)	(0.0274)	(0.0140)	(0.0276)
CAPEX	-0.0274	-0.0556**	-0.0276*	-0.0719***
	(0.0167)	(0.0244)	(0.0167)	(0.0242)
LIQ	-0.0673***	0.0174	-0.0907***	0.0161
	(0.0159)	(0.0258)	(0.0160)	(0.0257)
MB	-0.0171***	-0.0172***	-0.0183***	-0.0224***
	(0.00108)	(0.00313)	(0.00107)	(0.00285)
LEV	-0.590***	-0.626***	-0.574***	-0.613***
	(0.0135)	(0.0286)	(0.0137)	(0.0283)
ROA	0.139***	0.103***	0.109***	0.0883**
	(0.0242)	(0.0388)	(0.0245)	(0.0386)
SIZE	-0.0152***	-0.0260***	0.00287	-0.0113*
	(0.00159)	(0.00414)	(0.00276)	(0.00616)
DIV	0.0270***	0.0245***	0.0285***	0.0263***
	(0.00340)	(0.00392)	(0.00340)	(0.00393)
Constant	0.840***	0.973***	0.815***	1.120***
	(0.0326)	(0.0817)	(0.0407)	(0.130)
Year FE	No	Yes	No	Yes
Firm FE	Yes	Yes	Yes	Yes
Cluster	No	Yes	No	Yes
R^2	0.418	0.455	0.418	0.457
N	31780	31780	31780	31780

注：***表示在1%的水平下显著，**表示在5%的水平下显著，*表示在10%的水平下显著。

4.5 稳健性检验

为了验证模型的稳健性，本节做了以下调整。第一，将行业竞争替换为其他两个指标：行业中的企业数量（PMC）和行业中前四大企业的集中度（CR4），这两个指标也广泛在现有文献中被使用（豪沙尔特等，2007；Huang and Lee，2013；蒋等，2015），更高的行业竞争对应更高的 PMC 和更低的 CR4。实证结果如表 4.8 所示。为了方便比较，HHI 的估计结果也列入了该表中。模型（1）是 HHI 的实证结果，PMC 的结果在模型（2），模型（3）为 CR4 的估计结果。三个模型都同时考虑了个体和时间双向固定效应，并且根据企业聚类了标准误。实证结果显示，三种指标的估计结果一致，表明现金持有随着竞争增强而降低。

表 4.8　　　　　　　　　**行业竞争的其他指标的估计结果**

变量	（1）	（2）	（3）
HHI	0. 330 *** (0. 0481)		
PMC		− 0. 113 *** (0. 0172)	
CR4			0. 279 *** (0. 0477)
CF	1. 144 *** (0. 0158)	1. 137 *** (0. 0159)	1. 142 *** (0. 0158)
NWC	− 0. 465 *** (0. 0272)	− 0. 472 *** (0. 0272)	− 0. 471 *** (0. 0273)
CAPEX	− 0. 0516 ** (0. 0244)	− 0. 0429 * (0. 0244)	− 0. 0487 ** (0. 0243)
LIQ	0. 0189 (0. 0256)	0. 00738 (0. 0256)	0. 0163 (0. 0256)
MB	− 0. 0176 *** (0. 00314)	− 0. 0166 *** (0. 00312)	− 0. 0176 *** (0. 00314)

变量	（1）	（2）	（3）
LEV	-0.625 ***	-0.636 ***	-0.633 ***
	(0.0285)	(0.0293)	(0.0289)
ROA	0.103 ***	0.0924 **	0.102 ***
	(0.0389)	(0.0391)	(0.0390)
SIZE	-0.0274 ***	-0.0271 ***	-0.0279 ***
	(0.00422)	(0.00429)	(0.00427)
DIV	0.0248 ***	0.0233 ***	0.0245 ***
	(0.00391)	(0.00395)	(0.00392)
Year FE	Yes	Yes	Yes
Firm FE	Yes	Yes	Yes
Cluster	Yes	Yes	Yes
R^2	0.453	0.453	0.452
N	31780	31780	31780

注：*** 表示在1%的水平下显著，** 表示在5%的水平下显著，* 表示在10%的水平下显著。

第二个考虑是样本区间。本样本包含了两个特殊的时间：一是全球金融危机，包括美国次贷危机和欧洲主权债务危机。二是中国的股权分置改革，该改革对中国股票市场带来了结构性改变，包括代理问题和错误定价问题（Chen et al.，2015；He et al.，2017）、资本结构（Liu and Tian，2012；He and Kyaw，2018）、股票价格的信息性（Hou et al.，2012）以及股东分红（Liu et al.，2014）。中国的股权分置改革始于2005年，到2008年为止仍有少部分企业未完成改革。同时，借鉴第3章的分类，2008～2012年经历了全球金融危机。因此，这两个特殊事件的时间有部分重合。为了分离全球金融危机和股权分置改革的影响，本节将样本分为三个子样本：第一个子样本区间为1998～2004年，代表股权分置改革与全球金融危机之前；第二个子样本区间为2005～2012年，意味着正在经历股权分置改革以及全球金融危机；第三个子样本区间为2013～2016年，表明股权分置改革和全球金融危机结束之后。实证结果如表4.9所示，子样本的实证结果与全样本的实证结果一致，表明行业竞争与现金持有负相关，而且该效应并未受到全球金融危机与股权分置改革的影响。

表 4.9　不同时间区间的估计结果

变量	1999~2004年 (1)	2005~2012年 (2)	2013~2016年 (3)	1999~2004年 (4)	2005~2012年 (5)	2013~2016年 (6)	1999~2004年 (7)	2005~2012年 (8)	2013~2016年 (9)
HHI	0.101*** (0.0367)	0.139** (0.0548)	0.831*** (0.127)						
PMC				-0.0830** (0.0416)	-0.0960*** (0.0258)	0.437*** (0.0587)			
CR4							0.121** (0.0509)	0.0556 (0.0702)	0.692*** (0.112)
CF	0.954*** (0.0268)	1.050*** (0.0215)	0.805*** (0.0351)	0.950*** (0.0266)	1.044*** (0.0213)	0.805*** (0.0352)	0.954*** (0.0267)	1.050*** (0.0215)	0.801*** (0.0351)
NWC	-0.266*** (0.0329)	-0.329*** (0.0329)	-0.651*** (0.0647)	-0.266*** (0.0329)	-0.334*** (0.0331)	-0.651*** (0.0647)	-0.266*** (0.0329)	-0.330*** (0.0329)	-0.655*** (0.0651)
CAPEX	-0.140*** (0.0378)	-0.0286 (0.0340)	0.105*** (0.0350)	-0.137*** (0.0377)	-0.0262 (0.0341)	0.115*** (0.0353)	-0.140*** (0.0378)	-0.0276 (0.0341)	0.109*** (0.0352)
LIQ	-0.0408 (0.0296)	-0.121*** (0.0370)	0.0483 (0.0628)	-0.0461 (0.0300)	-0.127*** (0.0369)	0.0678 (0.0629)	-0.0395 (0.0296)	-0.119*** (0.0370)	0.0580 (0.0629)
MB	0.0109* (0.00607)	-0.00158 (0.00370)	-0.00842** (0.00335)	0.0102* (0.00612)	-0.000808 (0.00363)	-0.00852** (0.00337)	0.0109* (0.00608)	-0.00172 (0.00365)	-0.00934*** (0.00335)

续表

变量	1999~2004年 (1)	2005~2012年 (2)	2013~2016年 (3)	1999~2004年 (4)	2005~2012年 (5)	2013~2016年 (6)	1999~2004年 (7)	2005~2012年 (8)	2013~2016年 (9)
LEV	-0.400*** (0.0340)	-0.486*** (0.0361)	-0.833*** (0.0606)	-0.402*** (0.0341)	-0.492*** (0.0366)	-0.826*** (0.0605)	-0.400*** (0.0340)	-0.486*** (0.0364)	-0.836*** (0.0608)
ROA	-0.0896** (0.0383)	0.0953* (0.0500)	0.104 (0.0697)	-0.0898** (0.0384)	0.0890* (0.0500)	0.116* (0.0703)	-0.0888** (0.0384)	0.0933* (0.0501)	0.114 (0.0696)
SIZE	0.00474 (0.00495)	-0.00842 (0.00634)	-0.0234*** (0.00779)	0.00488 (0.00494)	-0.00827 (0.00640)	-0.0291*** (0.00782)	0.00445 (0.00496)	-0.00885 (0.00640)	-0.0257*** (0.00777)
DIV	0.00717 (0.00483)	0.0142*** (0.00458)	0.00608 (0.00574)	0.00721 (0.00484)	0.0134*** (0.00456)	0.00627 (0.00578)	0.00718 (0.00484)	0.0142*** (0.00457)	0.00633 (0.00580)
Year FE	Yes	Yes	Yes	Yes	Yes	Yes	Yes	Yes	Yes
Firm FE	Yes	Yes	Yes	Yes	Yes	Yes	Yes	Yes	Yes
Cluster	Yes	Yes	Yes	Yes	Yes	Yes	Yes	Yes	Yes
R^2	0.459	0.492	0.394	0.458	0.493	0.387	0.458	0.491	0.389
N	7448	13767	10565	7448	13767	10565	7448	13767	10565

注：*** 表示在1%的水平下显著，** 表示在5%的水平下显著，* 表示在10%的水平下显著。

　　最后，国有企业现金持有支持的投资行为可能导致行业竞争出现变化（豪沙尔特等，2007）。因此，为了减轻行业竞争与现金持有之间可能的内生性问题，在模型中用行业竞争的指标的滞后项作为工具变量。估计结果如表 4.10 所示。结论同样是稳健的，可以很好地支持之前的结论，行业竞争引起企业现金持有的减少。

表 4.10　　　　　　　　　　行业竞争的滞后项的估计结果

变量	(1)	(2)	(3)
Lagged HHI	0.219 *** (0.0471)		
Lagged PMC		− 0.106 *** (0.0178)	
Lagged CR4			0.196 *** (0.0464)
CF	0.766 *** (0.0233)	0.765 *** (0.0232)	0.763 *** (0.0233)
NWC	− 0.447 *** (0.0276)	− 0.453 *** (0.0275)	− 0.451 *** (0.0276)
CAPEX	0.0844 *** (0.0243)	0.0876 *** (0.0244)	0.0858 *** (0.0244)
LIQ	0.00903 (0.0259)	− 0.00154 (0.0259)	0.00708 (0.0259)
MB	− 0.0104 *** (0.00309)	− 0.00909 *** (0.00306)	− 0.0101 *** (0.00308)
LEV	− 0.574 *** (0.0292)	− 0.584 *** (0.0296)	− 0.580 *** (0.0294)
ROA	0.196 *** (0.0390)	0.187 *** (0.0392)	0.196 *** (0.0391)
SIZE	− 0.0174 *** (0.00431)	− 0.0168 *** (0.00436)	− 0.0178 *** (0.00434)
DIV	0.0260 *** (0.00392)	0.0244 *** (0.00393)	0.0258 *** (0.00392)

续表

变量	(1)	(2)	(3)
Year FE	Yes	Yes	Yes
Firm FE	Yes	Yes	Yes
Cluster	Yes	Yes	Yes
R^2	0.271	0.273	0.270
N	28705	28705	28705

注：*** 表示在1%的水平下显著，** 表示在5%的水平下显著，* 表示在10%的水平下显著。

4.6　本章小结

本章建立了现金持有与行业竞争的联系，该关系在现有文献中鲜有研究。行业竞争使得企业增加投资，根据融资优序理论，投资增加，现金减少。因此，现金持有与行业竞争负相关。此外，阿吉翁等（2005）证明投资与行业竞争之间为倒"U"型关系，基于融资优序理论，行业竞争与现金持有之间应该呈现"U"型关系。

本章利用1998~2016年中国股票市场的数据进行了实证分析，实证结果与预期一致，证实了现金持有与行业竞争之间的线性与非线性关系。同时，行业竞争对现金持有的影响会随着现金持有的增加而呈现一个递增的趋势。此外，行业竞争对国有企业和规模更大企业带来的影响相对较弱。

第 5 章　石油价格不确定性对企业现金持有的影响研究

　　现有文献研究了国内的经济政策不确定性与政治不确定性，但来自国际能源市场的不确定性却被忽略了，特别是石油价格的不确定性。作为世界上最重要的资源之一，石油既是企业重要的要素投入，也是能源企业重要的产出。石油价格不确定性对经济产生着重要的影响。本章结合实物期权理论和融资优序理论，实证研究了石油价格不确定性对企业现金持有的影响。本章使用中国股市 2007 ~ 2016 年的数据，研究结果发现，石油价格不确定性对企业现金持有呈现正向的影响。此外，该影响是非线性的，呈现倒 "U" 型变化，当石油价格不确定性较低时，企业现金持有随着石油价格不确定性的增加而增加，但是在某一个临界点以后，企业的现金持有会随着石油价格不确定性的增加而降低。同时，当企业市值上升时，石油价格对现金持有的影响会减弱。此外，国有上市企业也较少受到石油价格不确定性的影响。本章的发现对实物期权理论和融资优序理论提供了有力的支持。

5.1　引　　言

　　石油是全球最重要的资源之一，其价格波动对经济有着直接的影响。尽管原油价格不确定性对宏观经济因素（Elder and Serletis，2011；Kang et al.，2017）以及公司层面的投资决策（Henriques and Sadorsky，2011；Wang et al.，2017）都有着重要和显著的影响，但其对企业现金持有的影响却没有受到关注。为了填补该领域的空白，本章研究了石油价格不确定性对企业现金持有的影响。

　　除了经济政策不确定性之外，石油价格不确定性也会对企业现金持有产生显著的影响。但是，现有文献中，还没有研究将石油价格不确定性与企业现金持有联系起来。因此，作为补充，本书丰富了现有的不确定性对现金持有影响的认识。本章对现有文献的贡献主要在以下几方面。第一，现有关于现金持有的文献主要关注国内宏观的不确定性，但是忽略了来自国际能源市场的不确定性。现有文献已经证明石油价格不确定性对企业投资有显著的影响，因此其对现金持有的影响也值得深入研究。第二，本章同样研究了石油价格不确定性与现金持有之间的非线性关系。非线性框架对于完整地理解石油价格不确定性的影响有着非常重要的意义，因为它可以给出一个更准确和更完整的理解。此外，这个非线性关系对实物期权理论和优序融资理论给出了有力的支持。第三，本章扩展了现有的研究，进一步验证了公司市值和企业所有权性质的调节效应。本章希望探寻石油价格不确定性的影响是否会随着企业的市值变化而变化，以及随着公司所有权变化而变化。

　　本章的安排如下：第 5.2 节梳理了理论基础，变量以及模型设定在第 5.3 节，第 5.4 节为数据和实证分析，模型的稳健性在第 5.5 节中进行了检验，第 5.6 节为本章小结。

5.2　理论基础

　　首先，石油价格不确定性可以通过现金流风险来影响公司现金持有。作为世界上广泛使用的重要资源，原油不仅是重要的生产要素，也是企业的重要产出。对于使用原油为生产要素的企业，石油价格不确定性会导致企业成本的变化。其次，对于石油生产厂商，石油价格不确定性会造成企业的收益变得不确定。同时，在验证了石油价格变化的外生性之后，琼斯和考尔（Jones and Kaul，1996）证明，石油价格不确定性会引起企业当期和未来的现金流产生变化。进而，现金流不确定性会使得企业持有更高的现金作为预防措施。所以石油价格不确定性对企业现金持有会产生正向的影响。

　　同时，本章还将关注投资渠道，同时结合多个理论文献，特别是伯南克（Bernanke，1983）和梅耶斯与马基卢夫（1984）的研究来展开两个重要假设。石油价格不确定性的上升会降低竞争投资的规模。伯南克（1983）构建了一个理论模型，证明了在投资项目不可逆以及长期项目收益评估的相关信息持续不变的假设下，当面对增长的不确定性时，投资者们会选择推迟投资，这种等待行为也被称为等待的期权价值，迪克西特和平迪克（Dixit and Pin-dyck，1994）对等待的期权价值进行了进一步的研究。通过利用金融市场学中的期权定价理论，他们提出了投资的实物期权法（real options approach to investment）。他们认为，机会成本在确定投资决策的时候是一个非常重要的因素，但是在传统的净现值方法中却没有被考虑到。若投资者是理性的，企业的投资计划先由内部资金融资，他们所得的信息少于管理者（梅耶斯和马基卢夫，1984）。因此，少投资意味着更少的现金支出和更高的现金持有。基于上述原因，本章提出第一个假设：

H1：公司现金持有会随着石油价格不确定性的增加而增加。

实证证据表明，石油价格不确定性对中国上市企业的投资水平有着显著的影响（王等，2017）。然而，依托于斯密特和特里杰奥吉斯（Smit and Tri-georgis，2004）的研究，亨利克斯和萨德尔斯基（Henriques and Sadorsky，2011）认为，石油价格不确定性对企业投资的影响可能是非线性的，并且呈"U"型。不确定性的增加会使企业降低他们的投资，因为此时等待的期权价值更高。但是，随着不确定性的增加，企业长期推迟投资，也会推迟公司的成长机会和提升市场占有率的机会，有可能使得另一竞争者抓住机会，增加投资，然后占领市场。因此，随着不确定性的增加，成长期权的价值也开始逐渐上升，当石油价格不确定性上升到某一个值时，成长期权的价值大于等待期权的价值时，此时，公司的投资就会增加。所以，在某一临界值之前，等待期权的价值更高，投资减少，而在这一临界值之后，成长期权的价值更高，则投资增加。基于融资优序理论，企业投资和现金持有之间呈现相反变化。因此，在该临界值之前，企业现金持有会随着石油价格不确定性的增加而增加，在石油价格不确定性达到该临界值之后，企业现金持有会随之减少。由此提出第二个假设：

H2：石油价格不确定性与企业现金持有之间呈现倒"U"型关系。

5.3　变量定义及模型设定

本章的核心被解释变量为现金持有。与前面一致，本章也将先采用现金净资产比来测度企业的现金持有（CASH1）。同时，另一个现金持有的指标是现金总资产比（CASH2），该指标被定义为现金和可交易证券之和除以总资产（奥兹坎和奥兹坎，2004；阿查里亚等，2012；法里尼亚等，2018）。同时与前面一样，第二个指标将用于稳健性检验。

5.3.1 石油价格不确定性

现有文献中，石油价格不确定性一般有三种计算方法：实际波动（Cong et al.，2008；Park and Ratti，2008），广义自回归条件异方差模型（Jo，2014；Caporale et al.，2015；Alsalman，2016；Wen et al.，2016；Wang et al.，2017），以及由萨德尔斯基（Sadorsky，2008）和亨利克斯与萨德尔斯基（2011）提出的算法。但是上述三种算法都依赖于历史的石油价格，石油价格的未来走势没有被包含其中。在本章中，为了测算石油价格不确定性，将使用由芝加哥期权交易所提出的原油价格波动指数（Crude oil volatility index，OVX）。该隐性波动指数既包含了历史数据也包含未来的信息。同时，近年来一些研究也表明，OVX 是衡量石油价格波动更好的指标（Liu et al.，2013；Maghyereh et al.，2016）。因此，为了测算季度的石油价格不确定性，本章使用 OVX 的季度均值。

$$OVX_t = \frac{1}{n}\sum_{k=1}^{n} DailyOVX_{t,k} \tag{5.1}$$

其中，$DailyOVX_{t,k}$ 代表 t 季度的每日原油价格波动指数，n 代表 t 季度的天数。

5.3.2 模型设定

$$CASH_{it} = \beta_0 + \beta_1 OVX_t + \sum_k \beta_k CONTROL_{it}^k + \varepsilon_{it} \tag{5.2}$$

其中，i 代表企业，t 代表季度，$CASH$ 代表现金持有，OVX 代表石油价格不确定性，$CONTROL$ 代表控制变量。ε 代表未观测的随机误差。

同样，本章将沿用前面所选的控制变量。因此，此处将不再赘述控制变量的选取依据。为了排除其他宏观不确定性的影响，本章控制了经济政策不确定性。此外，借鉴德米尔和厄桑（2017）对经济政策不确定性的研究，该

模型还包含了两个宏观经济变量：经济增长和货币政策。季度经济增长率
（GDP）用来描述宏观经济情况，而第二个变量是 7 天上海银行间拆借利率的
均值（SHIBOR）。

5.4　数据来源和实证分析[①]

5.4.1　数据来源

石油价格不确定性指标从 2007 年开始，所以本章所选取的样本区间为
2007 ~ 2016 年，数据频率为季度数据。本章的数据主要来源于国泰安数据库
（CSMAR）以及万得数据库（WIND）。每日原油价格波动指标直接下载于芝
加哥期权交易所（CBOE）的官方网站。经济政策不确定性指数（EPU）来
源于贝克等（2016）。政治不确定性指标与第 4 章一致。因为部分企业没有
完整的数据集导致本章所用的数据为非平衡面板数据。所以，研究过程中本
章对数据在 1% 和 99% 的水平上进行了缩尾处理。

表 5.1 列出了所有变量的具体定义。表 5.2 列出了所有变量的描述性统
计结果。平均来看，中国企业持有的现金占总资产的 19%，占净现金资产的
31%。石油价格不确定性，由 OVX 代表，其均值为 19.71，而标准差为
8.13。表 5.3 列出了变量间的皮尔森相关系数，该表的结果显示不存在多重
共线性问题。

表 5.1　　　　　　　　　　　　　　**变量定义**

变量名称	定义
CASH1	现金及可交易证券与净现金资产的比率，后者等于总资产减去现金及可交易证券
CASH2	现金及可交易证券与总资产的比率
OVX	OVX 的季度均值，由式（5.1）定义
CF	现金流除以净现金资产

[①]　感谢密歇根州立大学经济学教授杰弗里·M. 伍德里奇（Jeffrey M. Wooldridge）在计量方法上的指导。

续表

变量名称	定义
LIQ	应收账款加存货减去应付账款之和除以净现金资产
ROA	每季度的企业资产收益率
SIZE	总营业额的自然对数
MB	市价对账面价值比率
DIV	股东分红的虚拟变量。若该季度有分红，则变量取 1，反之则取 0
INDUCTION	政府官员不确定性的虚拟变量。若当年的前半年该市的市长或市委发生换届，则该变量取 1
EPU	贝克等（2016）的经济政策不确定性指标
GDP	季度国内生产总增长率，以 2000 年为基年
SHIBOR	7 天的上海银行同业拆借利率的季度均值

表 5.2   变量的描述性统计

变量	N	Mean	S. D	Skewness	Kurtosis	P25	P50	P75	Min	Max
CASH1	81018	0.31	0.42	3.32	15.99	0.09	0.17	0.33	0.01	2.65
CASH2	81021	0.19	0.15	1.46	4.89	0.08	0.15	0.25	0.01	0.73
OVX	84058	19.71	8.13	2.63	11.65	14.28	17.03	21.59	12.56	58.61
CF	80994	0.02	0.09	0.49	5.13	−0.03	0.01	0.06	−0.23	0.33
LIQ	81010	0.23	0.2	0.61	3.16	0.08	0.22	0.35	−0.15	0.81
ROA	84040	0.02	0.04	0.38	5.75	0	0.02	0.04	−0.11	0.15
SIZE	83917	20.5	1.65	0.1	3.27	19.45	20.45	21.5	16.06	24.83
MB	84033	2.02	1.6	2.93	13.77	1.09	1.52	2.31	0.54	10.67
DIV	84057	0.32	0.47	0.78	1.61	0	0	1	0	1
INDUCTION	84058	0.35	0.48	0.62	1.39	0	1	0	1	
EPU	84058	179.5	99.55	1.17	3.71	101.6	149.1	226.3	64.4	461.5
GDP	84058	0.09	0.02	1.23	3.65	0.07	0.08	0.1	0.06	0.14
SHIBOR	84058	0.59	0.52	1.11	3.48	0.22	0.42	0.8	0.02	1.94

表 5.3　　变量间的皮尔森相关系数

变量	CASH1	CASH2	OVX	CF	LIQ	ROA	SIZE	MB	DIV	INDUCTION	EPU	GDP	SHIBOR
CASH1	1												
CASH2	0.930***	1											
OVX	0.015***	0.010***	1										
CF	0.150***	0.149***	0.060***	1									
LIQ	0.067***	0.079***	-0.017***	-0.268***	1								
ROA	0.211***	0.264***	0.019***	0.365***	0.014***	1							
SIZE	-0.180***	-0.147***	-0.026***	0.194***	-0.136***	0.219***	1						
MB	-0.016***	-0.021***	-0.094***	-0.003	-0.061***	0.001	-0.333***	1					
DIV	-0.030***	-0.049***	0.056***	0.103***	-0.053***	-0.105***	0.044***	0.065***	1				
INDUCTION	-0.063***	-0.060***	-0.005	-0.001	0.001	-0.014***	0.003	-0.011***	-0.012***	1			
EPU	-0.019***	-0.009***	0.003	0.016***	-0.002	0.060***	0.112***	0.027***	0.115***	0.006*	1		
GDP	0.036***	0.018***	0.197***	0.011***	-0.018***	0.040***	-0.076***	-0.079***	-0.073***	-0.009***	-0.463***	1	
SHIBOR	0.096***	0.092***	-0.028***	-0.042***	0.024***	0.011***	-0.060***	-0.075***	-0.037***	0.019***	-0.473***	0.448***	1

注：*** 表示在 1% 的水平下显著，** 表示在 5% 的水平下显著，* 表示在 10% 的水平下显著。

5.4.2　石油价格不确定性对企业现金持有的影响

石油价格不确定性对现金持有影响的估计结果在表 5.4 中。首先，模型（1）代表了没有任何控制变量和聚类标准误的混合回归结果；其次，为了在估计结果中去掉企业的异质性的潜在影响，在模型（2）中使用了单向固定效应模型；再次，模型（3）和模型（4）代表了包含所有控制变量的回归模型，两组模型的差别在于模型（4）同时考虑了个体和时间双向固定效应；最后，模型（5）根据企业聚类了标准误。

表 5.4　　　　　　　　　石油价格不确定性对现金持有的影响

变量	（1）	（2）	（3）	（4）	（5）
OVX	0.0008 ***	0.0042 ***	0.0015 ***	0.0709 ***	0.0709 ***
	(0.000)	(0.000)	(0.000)	(0.014)	(0.012)
CF			0.6059 ***	0.6047 ***	0.6047 ***
			(0.014)	(0.014)	(0.040)
LIQ			0.4683 ***	0.4235 ***	0.4235 ***
			(0.011)	(0.011)	(0.045)
ROA			1.1820 ***	0.9748 ***	0.9748 ***
			(0.038)	(0.038)	(0.093)
SIZE			− 0.0654 ***	− 0.0993 ***	− 0.0993 ***
			(0.001)	(0.002)	(0.008)
MB			− 0.0438 ***	− 0.0535 ***	− 0.0535 ***
			(0.001)	(0.001)	(0.004)
DIV			0.0145 ***	− 0.0096 ***	− 0.0096 **
			(0.002)	(0.003)	(0.004)
INDUCTION			− 0.0335 ***	− 0.0258 ***	− 0.0258 ***
			(0.002)	(0.002)	(0.003)
EPU			0.0001 ***	0.0041 ***	0.0041 ***
			(0.000)	(0.001)	(0.001)
GDP			0.8372 ***	151.3042 ***	151.3042 ***
			(0.058)	(26.192)	(23.336)

续表

变量	（1）	（2）	（3）	（4）	（5）
SHIBOR			0.0496***	-13.9467***	-13.9467***
			(0.002)	(2.396)	(2.129)
Constant	0.2951***	0.2262***	1.4517***	-9.8599***	-9.8599***
	(0.004)	(0.003)	(0.030)	(2.108)	(1.826)
Year-Quarter	No	No	No	Yes	Yes
Firm	No	Yes	Yes	Yes	Yes
Cluster	No	No	No	No	Yes
R^2	0.0002	0.0134	0.1452	0.1989	0.1989
N	81021	81021	80851	80851	80851

注：*** 表示在 1% 的水平下显著，** 表示在 5% 的水平下显著，* 表示在 10% 的水平下显著。

表 5.4 中所有实证模型的估计结果都证实了，石油价格不确定性对企业现金持有在 1% 的显著性水平上有明显的正向的影响。模型（4）和模型（5）的估计结果说明，相对于平均的现金持有率 31%，石油价格不确定性每增加 1 个单位，会预计导致企业现金持有增加 0.07%。正如所预期的，石油价格不确定性使企业增加了现金持有，验证了本章的第一个假设。对于其他控制变量来说，与法里尼亚等（2018）的结论一致，规模越大的企业倾向于持有更少的现金，因为它们风险更低。现金流跟现金持有之间呈现正向的关系，该结论与奥普勒等（1999）和许等（2016）的结果一致。利润率更高的企业倾向于持有更多的现金，同时，流动性更高的企业也倾向于持有更多的现金。一般来说，市价对账面价值比率（MB）与企业现金持有正相关（奥普勒等，1999；迪特马尔等，2003；贝特斯等，2009；法里尼亚等，2018），但是这种关系在中国并不成立。与许等（2016）的研究结论一致，本章的结果也发现，现金持有随着市价对账面价值比率的升高而降低，市价对账面价值比率代表了企业的成长机会，也就是说，高成长机会的企业持有更少的现金。股东分红的系数为负，表明股东分红对现金持有呈负向的影响，该结果与贝特斯等（2009）和法里尼亚等（2018）保持一致。给股东分红的企业风险更低，更容易获得外部融资，因此，这类企业有较低的动机去持有更多的现金。经济政策不确定性（EPU）的符号为正，说明企业在不确定性增加时会持有更多的现金，该结论与德米尔和厄桑（2017）一致。经济增长（GDP）的系数为正，结果显示当经济状况较好时，企业倾向于持有更多的现金。而货币

政策的系数为负，该结果表明，当货币政策较为宽松时，企业倾向于持有更少的现金。

5.4.3 石油价格不确定性与现金持有的非线性关系

至此，本章已经证明了石油价格不确定性对企业现金持有存在正向的影响。根据实物期权理论和优序融资理论，非线性的设定对于石油价格不确定性对现金持有的影响来说会更加准确。为了验证这种效应，本节在 5.3 节的计量模型中加入了石油价格不确定性的平方项。因此，下面的模型将会被估计：

$$CASH_{it} = \beta_0 + \beta_1 OVX_t + \beta_2 OVX_t^2 + \sum_k \beta_k CONTROL_{it}^k + \varepsilon_{it} \qquad (5.3)$$

实证结果呈现在表 5.5 中。首先，模型（1）代表了没有任何控制变量和聚类标准误的混合回归结果；其次，为了减少企业异质性的潜在影响，在模型（2）中使用了单向固定效应模型，模型（3）和模型（4）代表了所有控制变量的回归模型，两组模型的差别在于模型（4）同时考虑了个体和时间双向固定效应；最后，模型（5）根据企业聚类了标准误。

表 5.5　　　　石油价格不确定性对企业现金持有的非线性影响

变量	（1）	（2）	（3）	（4）	（5）
OVX	0.0147 ***	0.0230 ***	0.0161 ***	0.2084 ***	0.2084 ***
	(0.001)	(0.001)	(0.001)	(0.031)	(0.030)
OVX^2	− 0.0002 ***	− 0.0003 ***	− 0.0002 ***	− 0.0071 ***	− 0.0071 ***
	(0.000)	(0.000)	(0.000)	(0.001)	(0.001)
CF			0.6125 ***	0.6047 ***	0.6047 ***
			(0.014)	(0.014)	(0.040)
LIQ			0.4559 ***	0.4235 ***	0.4235 ***
			(0.011)	(0.011)	(0.045)
ROA			1.1174 ***	0.9748 ***	0.9748 ***
			(0.038)	(0.038)	(0.093)
SIZE			− 0.0628 ***	− 0.0993 ***	− 0.0993 ***
			(0.001)	(0.002)	(0.008)

续表

变量	(1)	(2)	(3)	(4)	(5)
MB			− 0. 0446 *** (0. 001)	− 0. 0535 *** (0. 001)	− 0. 0535 *** (0. 004)
DIV			0. 0164 *** (0. 002)	− 0. 0096 *** (0. 003)	− 0. 0096 ** (0. 004)
INDUCTION			− 0. 0303 *** (0. 002)	− 0. 0258 *** (0. 002)	− 0. 0258 *** (0. 003)
EPU			0. 0000 * (0. 000)	− 0. 0009 *** (0. 000)	− 0. 0009 *** (0. 000)
GDP			0. 3656 *** (0. 060)	− 68. 6923 *** (5. 526)	− 68. 6923 *** (7. 247)
SHIBOR			0. 0561 *** (0. 002)	6. 5946 *** (0. 559)	6. 5946 *** (0. 714)
Constant	0. 1247 *** (0. 009)	− 0. 0041 (0. 007)	1. 2644 *** (0. 031)	5. 4691 *** (0. 375)	5. 4691 *** (0. 481)
Year-Quarter	No	No	No	Yes	Yes
Firm	No	Yes	Yes	Yes	Yes
Cluster	No	No	No	No	Yes
R^2	0. 0051	0. 0314	0. 1548	0. 1989	0. 1989
N	81021	81021	80851	80851	80851

注: *** 表示在 1% 的水平下显著, ** 表示在 5% 的水平下显著, * 表示在 10% 的水平下显著。

在控制了公司个体和时间固定效应之后, 实证结果表明, 石油价格不确定性对企业现金持有的影响是非线性的, 呈倒 "U" 型。这个结果说明, 当石油价格不确定性在较低水平时, 企业的现金持有水平会随着石油价格波动的上升而上升。然而, 当石油价格不确定性持续上升, 并达到一个相对高的水平时, 企业的现金持有会下降。本节的研究为实物期权理论和融资优序理论提供了有力的证据, 并且该结论与亨德里克斯和萨德尔斯基 (2011) 的结果一致。正如前文中所讨论的, 当石油价格不确定性低于某一水平时, 上升的石油价格不确定性使得企业持有更多的现金, 原因是此时企业倾向于选择不投资, 因为等待期权的价值更高。但是, 当石油价格不确定性继续上升时, 企业也会减少现金持有并同时增加投资, 因为在某一点以后, 公司的成长期权价值相对较高。

5.4.4 交互效应

至此，本章研究了石油价格不确定性对现金持有的线性及非线性关系。结果显示，在线性假设下（H1），石油价格不确定性与企业现金持有正相关。在非线性假设下（H2），石油价格不确定性的效应呈现倒"U"型。与前面的章节一样，为了验证该影响是否会因企业异质性而改变，本节研究了石油价格不确定性与公司市值和所有权性质的交互效应。从每个交易所的盈利率要求来看，想要在主板和中小企业板上市的企业，过去三个财务年度的企业净利润必须为正，并且必须高于3000万元。想要在创业板上市的企业，其过去两年的企业净利润必须为正，并且必须高于1000万元。因此，公司规模在三个交易所中有明显的不同。图5.1展示了每个交易所的平均企业市值2007～2016年的时间序列。可以发现，主板上市的企业的平均市值一直高于中小企业板上市的企业，而中小企业板上市企业的平均市值又一直高于创业板上市的企业，与之前的分析一致。因此，企业市值在本节的样本中有明显的差异。进而，高市值的企业一般来说风险更小，因此，高市值企业对石油价格不确定性的反应会与低市值企业有所不同。

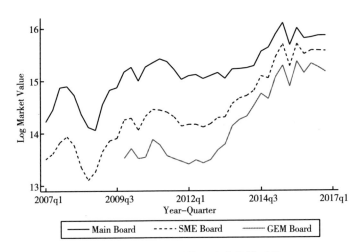

图5.1 每个交易所的平均市值的对数

数据来源：国泰安数据库（CSMAR）。

为了得到交互效应，本节在线性及非线性的模型中加入了交互项。

$$CASH_{it} = \lambda_0 + \lambda_1 OVX_t + \lambda_2 Z_{it} + \lambda_3 OVX_t \times Z_{it} + \sum_k \lambda_k CONTROL_{it}^k + \varepsilon_{it}$$

$$(5.4)$$

$$CASH_{it} = \lambda_0 + \lambda_1 OVX_t + \lambda_2 OVX_t^2 + \lambda_2 Z_{it} + \lambda_3 OVX_t \times Z_{it}$$
$$+ \sum_k \lambda_k CONTROL_{it}^k + \varepsilon_{it} \qquad (5.5)$$

其中，Z 分别代表企业市值（VALUE）和国有企业性质（STATE）。

表 5.6 给出了实证结果。从结果看，VALUE 和 STATE 交互项的系数为负，估计结果与本节的预期一致。首先，当公司市值上升时，石油价格不确定性对现金持有的影响会随之减弱。正如前文所说，市值较高的企业风险较小，预防动机对该类企业较弱。同时，这类企业通常持有大量的资产可以用于抵押，因此，外部融资的成本较低，融资约束较弱。所以市值较高的企业对于石油价格不确定性的抵抗能力更强。同样，当企业属于国有企业时，石油价格不确定性对现金持有的影响同样较弱。首先，由于国有企业的特殊性，其首要任务可能不是利润最大化，因此国有企业对现金流风险的敏感性较低。其次，由于国企一般规模较大、政治关联性较强，所以国企面临更低的融资约束，更易获得外部融资。因此，当企业是国有企业时，石油价格不确定性对现金持有的影响也更弱。

表 5.6　　　　　石油价格不确定性与市值和国有企业的交互效应

变量	（1）	（2）	（3）	（4）
OVX	0.0709 ***	0.0702 ***	0.2049 ***	0.1661 ***
	(0.012)	(0.012)	(0.030)	(0.030)
OVX^2			− 0.0069 ***	− 0.0050 ***
			(0.001)	(0.001)
STATE	0.0442 **		0.0442 **	
	(0.021)		(0.021)	
OVX × STATE	− 0.0045 ***		− 0.0045 ***	
	(0.000)		(0.000)	
VALUE		− 0.0802 ***		− 0.0802 ***
		(0.009)		(0.009)

续表

变量	(1)	(2)	(3)	(4)
OVX × VALUE		− 0. 0012 ***		− 0. 0012 ***
		(0. 000)		(0. 000)
CF	0. 610 ***	0. 611 ***	0. 610 ***	0. 611 ***
	(0. 0395)	(0. 0387)	(0. 0395)	(0. 0387)
LIQ	0. 419 ***	0. 404 ***	0. 419 ***	0. 404 ***
	(0. 0453)	(0. 0434)	(0. 0453)	(0. 0434)
ROA	0. 939 ***	1. 095 ***	0. 939 ***	1. 095 ***
	(0. 0925)	(0. 0914)	(0. 0925)	(0. 0914)
SIZE	− 0. 0965 ***	− 0. 0621 ***	− 0. 0965 ***	− 0. 0621 ***
	(0. 00757)	(0. 00710)	(0. 00757)	(0. 00710)
MB	− 0. 0523 ***	− 0. 0280 ***	− 0. 0523 ***	− 0. 0280 ***
	(0. 00422)	(0. 00481)	(0. 00422)	(0. 00481)
DIV	− 0. 00955 **	− 0. 00698 *	− 0. 00955 **	− 0. 00698 *
	(0. 00373)	(0. 00366)	(0. 00373)	(0. 00366)
INDUCTION	− 0. 0251 ***	− 0. 0230 ***	− 0. 0251 ***	− 0. 0230 ***
	(0. 00316)	(0. 00315)	(0. 00316)	(0. 00315)
EPU	0. 00396 ***	0. 00284 ***	− 0. 00083 ***	− 0. 00058 ***
	(0. 000622)	(0. 000607)	(8. 21e − 05)	(8. 07e − 05)
GDP	147. 4 ***	104. 9 ***	− 66. 78 ***	− 48. 37 ***
	(23. 26)	(22. 72)	(7. 200)	(6. 967)
SHIBOR	− 13. 59 ***	− 9. 839 ***	6. 409 ***	4. 472 ***
	(2. 123)	(2. 073)	(0. 710)	(0. 689)
Constant	− 9. 620 ***	− 5. 737 ***	5. 301 ***	4. 942 ***
	(1. 821)	(1. 787)	(0. 477)	(0. 467)
Year-Quarter	Yes	Yes	Yes	Yes
Firm	Yes	Yes	Yes	Yes
Cluster	Yes	Yes	Yes	Yes
R^2	0. 2028	0. 2158	0. 2028	0. 2158
N	80851	80851	80851	80851

注: *** 表示在1% 的水平下显著，** 表示在5% 的水平下显著，* 表示在10% 的水平下显著。

5.5　稳健性检验

为了评估本节模型的稳健性，本节做了如下调整。

第一，本章的样本区间包含了全球金融危机。与第 3 章一样，本节也将采用同样的方法，将样本分为两个子样本。同样依据冈萨雷斯（2015）的划分方式，本节的第一个子样本包含了危机中的时间区间，2007~2012 年。第二个子样本是 2013~2016 年，代表危机后的时间区间。实证结果在表 5.7 中给出，模型（1）表示危机中的结果，危机后的结果在模型（2）中给出。研究结果显示，两个子样本的估计结果都与全样本的结果一致，说明石油价格不确定性对企业现金持有的影响并没有受到全球金融危机的影响。

表 5.7　　　　不同样本区间下石油价格不确定性对现金持有的影响

变量	2007~2012 年	2013~2016 年	Full sample
	（1）	（2）	（3）
OVX	0.0043 ***	0.0592 ***	0.0709 ***
	（0.001）	（0.011）	（0.012）
CF	0.5397 ***	0.6203 ***	0.6047 ***
	（0.035）	（0.051）	（0.040）
LIQ	0.2290 ***	0.4701 ***	0.4235 ***
	（0.043）	（0.065）	（0.045）
ROA	0.2907 ***	0.2906 **	0.9748 ***
	（0.086）	（0.121）	（0.093）
SIZE	−0.0470 ***	−0.0571 ***	−0.0993 ***
	（0.007）	（0.009）	（0.008）
MB	−0.0232 ***	−0.0226 ***	−0.0535 ***
	（0.004）	（0.004）	（0.004）
DIV	−0.0131 ***	−0.0223 ***	−0.0096 **
	（0.004）	（0.004）	（0.004）
INDUCTION	−0.0217 ***	−0.0077 *	−0.0258 ***
	（0.005）	（0.004）	（0.003）

续表

变量	2007~2012 年 （1）	2013~2016 年 （2）	Full sample （3）
EPU	0.0003 ** （0.000）	0.0032 *** （0.001）	0.0041 *** （0.001）
GDP	1.5832 *** （0.430）	434.5497 *** （75.442）	151.3042 *** （23.336）
SHIBOR	0.0206 （0.023）	-10.9309 *** （1.924）	-13.9467 *** （2.129）
Constant	0.9166 *** （0.125）	-29.3983 *** （5.239）	-9.8599 *** （1.826）
Year-Quarter	Yes	Yes	Yes
Firm	Yes	Yes	Yes
Cluster	Yes	Yes	Yes
R^2	0.1258	0.1095	0.1989
N	42184	38667	80851

注：*** 表示在 1% 的水平下显著，** 表示在 5% 的水平下显著，* 表示在 10% 的水平下显著。

第二，本节将模型的因变量进行了替换，用现金总资产比（CASH2）代替现金净资产比（CASH1）。同时，本节同样将样本分为危机中和危机后，来检验上述模型的结果是否稳健。实证结果在表 5.8 中给出，模型（1）代表危机中；模型（2）代表危机后；全样本的结果在模型（3）中给出。可以看出，当因变量替换了现金总资产比后，其结果依然稳健，并且在全样本和子样本中同样稳健。

表 5.8 不同样本区间下石油价格不确定性对现金总资产比的影响

变量	2007~2012 年 （1）	2013~2016 年 （2）	Full sample （3）
OVX	0.0021 *** （0.000）	0.0291 *** （0.004）	0.0302 *** （0.012）
CF	0.1953 *** （0.011）	0.2520 *** （0.016）	0.1987 *** （0.011）
LIQ	0.0584 *** （0.015）	0.1676 *** （0.022）	0.1317 *** （0.0146）

续表

变量	2007 ~ 2012 年	2013 ~ 2016 年	Full sample
	（1）	（2）	（3）
ROA	0. 2019 ***	0. 1673 ***	0. 4656 ***
	（0. 031）	（0. 042）	（0. 032）
SIZE	- 0. 0106 ***	- 0. 0211 ***	- 0. 0291 ***
	（0. 003）	（0. 003）	（0. 0025）
MB	- 0. 0067 ***	- 0. 0096 ***	- 0. 0166 ***
	（0. 001）	（0. 001）	（0. 0013）
DIV	- 0. 0068 ***	- 0. 0109 ***	- 0. 0063 **
	（0. 001）	（0. 002）	（0. 0014）
INDUCTION	- 0. 0077 ***	- 0. 0027 *	- 0. 0087 ***
	（0. 002）	（0. 001）	（0. 0011）
EPU	0. 0001 **	0. 0015 ***	0. 0016 ***
	（0. 000）	（0. 000）	（0. 0002）
GDP	0. 6100 ***	205. 4009 ***	60. 15 ***
	（0. 153）	（28. 626）	（8. 53）
SHIBOR	0. 0178 **	- 5. 1520 ***	- 5. 5098 ***
	（0. 008）	（0. 729）	（0. 777）
Constant	0. 2640 ***	- 13. 9762 ***	- 4. 1027 ***
	（0. 047）	（1. 997）	（0. 6735）
Year-Quarter	Yes	Yes	Yes
Firm	Yes	Yes	Yes
Cluster	Yes	Yes	Yes
R^2	0. 1128	0. 1238	0. 1984
N	42184	38667	80850

注：*** 表示在 1% 的水平下显著，** 表示在 5% 的水平下显著，* 表示在 10% 的水平下显著。

第三，数据频率的改变。至此，本章已经研究了季度数据下石油价格不确定性对企业现金持有的影响，实证结果可能对数据频率的选择较为敏感。因此，本节将季度数据改为年度数据。表 5.9 给出了实证结果，与表 5.4 一致，本节同样使用了多个模型设定，模型（1）代表了没有任何控制变量和聚类标准误的混合回归结果。接下来，为了在估计结果中去掉企业的异质性的潜在影响，在模型（2）中使用了单向固定效应模型。模型（3）和（4）代表了包含所有控制变量的回归模型。两组设定的差别在于模型（4）同时考虑了个体和时间双向固定效应。模型（5）根据企业聚类了标准误。从结果可以看出，石油价格不确定性与现金持有之间的正向关系在年度数据下也同样成立，结果依然稳健。

表5.9   年度数据下石油价格不确定性对现金持有的影响

变量	（1）	（2）	（3）	（4）	（5）
OVX	0.0039 ***	0.0100 ***	0.0019 ***	0.0222 ***	0.0222 ***
	（0.001）	（0.000）	（0.000）	（0.006）	（0.004）
CF			0.8435 ***	0.8888 ***	0.8888 ***
			（−0.025）	（−0.024）	（0.051）
LIQ			0.5007 ***	0.4591 ***	0.4591 ***
			（0.025）	（0.024）	（0.053）
ROA			0.7237 ***	0.6286 ***	0.6286 ***
			（0.049）	（0.048）	（0.079）
SIZE			−0.1122 ***	−0.1275 ***	−0.1275 ***
			（0.004）	（0.005）	（0.010）
MB			−0.0415 ***	−0.0474 ***	−0.0474 ***
			（0.002）	（0.002）	（0.005）
DIV			0.0479 ***	0.0454 ***	0.0454 ***
			（0.007）	（0.007）	（0.007）
INDUCTION			0.0456 ***	0.0353 ***	0.0353 ***
			（0.005）	（0.005）	（0.004）
EPU			0.0001	0.0003 ***	0.0003 ***
			（0.000）	（0.000）	（0.000）
GDP			150.7964 ***	−136.7581 **	−136.7581 **
			（38.116）	（54.757）	（55.126）
SHIBOR			−0.0124 ***	0.0365 **	0.0365 ***
			（0.003）	（0.016）	（0.011）
Constant	0.2516 ***	0.1294 ***	2.5113 ***	2.4221 ***	2.4221 ***
	（0.011）	（0.008）	（0.107）	（0.178）	（0.234）

续表

变量	(1)	(2)	(3)	(4)	(5)
Year	No	No	No	Yes	Yes
Firm	No	Yes	Yes	Yes	Yes
Cluster	No	No	No	No	Yes
R^2	0.0029	0.0396	0.1935	0.2389	0.2389
N	19464	19464	19430	19430	19430

注：*** 表示在 1% 的水平下显著，** 表示在 5% 的水平下显著，* 表示在 10% 的水平下显著。

第四，使用市值作为调节变量。可能产生的问题在于，市值会随着公司股票价格的变化而变化。因此，对于同一个企业来说，其风险暴露水平可能会随之改变。为了解决这个问题，根据三类不同的交易板块，本节将完整的样本拆分为三个子样本。正如上一节所提到的，本章所用样本中的交易所可以被划分为三类：主板市场，中小企业板以及创业板。目的在于研究石油价格不确定性对现金持有的影响是否会随着交易板块的不同而有所变化。表5.10 给出了实证结果，从估计结果看，对于创业板的企业来说，石油价格不确定性对现金持有的影响为正并且显著。但是这个影响对主板和中小板的企业要更小，并且两个子样本中石油价格不确定性的系数都是不显著的。本节的发现与第 5.4 节中将企业市值作为调节变量所得的结论一致。当企业价值升高的时候，石油价格不确定性对企业现金持有的影响逐渐减弱。

表 5.10　　　石油价格不确定性在不同交易所中对企业现金持有的影响

变量	Main board	SME board	GEM board
	(1)	(2)	(3)
OVX	0.0097	0.0287	0.1259 ***
	(0.012)	(0.026)	(0.038)
CF	0.3692 ***	1.1454 ***	1.2198 ***
	(0.036)	(0.082)	(0.095)
LIQ	0.0148	0.9182 ***	1.3924 ***
	(0.036)	(0.102)	(0.134)
ROA	0.6892 ***	0.2480	− 0.4038
	(0.090)	(0.180)	(0.351)
SIZE	− 0.0111 *	− 0.0979 ***	− 0.1278 ***
	(0.006)	(0.017)	(0.027)

续表

变量	Main board	SME board	GEM board
	(1)	(2)	(3)
MB	0.0109 ***	− 0.0726 ***	− 0.0599 ***
	(0.004)	(0.006)	(0.008)
DIV	− 0.0119 ***	− 0.0039	− 0.0118
	(0.004)	(0.008)	(0.014)
INDUCTION	− 0.0096 ***	− 0.0320 ***	− 0.0433 ***
	(0.003)	(0.006)	(0.012)
EPU	0.0004	0.002	0.0070 ***
	(0.001)	(0.001)	(0.002)
GDP	17.6724	76.0698	122.3009 ***
	(22.719)	(49.202)	(17.171)
SHIBOR	− 1.6644	− 6.8700	− 24.6659 ***
	(2.073)	(4.498)	(6.784)
Constant	− 1.0168	− 3.8112	− 9.0731 ***
	(1.796)	(3.829)	(1.962)
Year-Quarter	Yes	Yes	Yes
Firm	Yes	Yes	Yes
Cluster	Yes	Yes	Yes
R^2	0.0529	0.3856	0.7023
N	51140	20613	9098

注: *** 表示在1%的水平下显著，** 表示在5%的水平下显著，* 表示在10%的水平下显著。

5.6 本章小结

现有文献中缺少石油价格不确定性对企业现金持有影响的研究。作为全球最重要的资源之一，石油被广泛使用。因此，石油价格的波动对经济有着非常重要的影响，石油价格不确定性对企业现金持有的影响也不应该被忽略。本章结合实物期权理论和融资优序理论，研究了石油价格不确定性对企业现金持有的影响。

　　本章中，实证结果表明，石油价格不确定性对企业现金持有呈现正向的影响。也就是说，石油价格不确定性的升高会使得企业持有更高的现金，并且这种影响是非线性的，而且呈倒 "U" 型的变化趋势。当石油价格不确定性持续升高，达到某一临界值之后，企业的现金持有量会随之减少。其主要原因在于，当石油价格不确定性水平较低时，由于等待期权的价值更高，企业会推迟投资。根据融资优序理论，投资减少时企业的现金持有将增加。然后，当石油价格不确定性持续升高达到并超过某一点，由于企业的成长期权的价值升高，当其大于等待期权价值时，企业会选择增加投资。同样根据融资优序理论，随着投资增加，企业的现金持有将会减少。本章还发现，公司的市值和国有企业性质会减弱石油价格不确定性对企业现金持有的影响。因为市值更高的企业以及国有企业的风险较小，更容易获得外部融资。最后，本章的模型对两种现金持有的指标都适用。此外，本章的结论并没有受到全球金融危机的影响。而且年度数据和季度数据下所得的结论是一致的。

第6章 结论、展望与建议

6.1 研究结论

中国经济转型不仅带来了经济的飞速增长，同时也使得中国的制度环境产生了巨大的变化，中国已经建立起了以市场为基础的经济体系。本书从市场化发展和行业竞争两方面来分析经济转型对于企业现金持有的影响。同时，除了上述宏观因素的影响外，现有研究中也忽略了来自国际原油市场的影响，原油价格不确定性对宏观经济与企业微观决策有着重要的影响，因此石油价格不确定性对企业现金持有的影响需要加以研究。本书的主要结论如下。

（1）市场化发展会使企业持有更少的现金。市场化发展的主要影响在于缓解代理问题，加强投资者保护，缓解信息不对称，降低融资成本，进而降低企业对现金的需求。进一步研究发现，市场化发展对现金持有的影响是非线性的，呈现倒"U"型变化。在市场化发展的初期，由于监管和惩罚措施不完善，腐败增加，导致企业会通过交易现金寻求政治利益。因此，市场化发展水平较低时，市场化发展增加了企业的现金。当市场化发展水平较高时，市场机制逐步建立，产权保护得到改善，企业内部代理问题逐步改善，投资者保护加强，信息不对称问题也逐步缓解，企业外部融资成本的降低缓解了企业对现金的需求。因此，市场化发展水平较高时，市场化发展会降低企业现金持有。

（2）企业现金持有随着行业竞争的增大而减少。但是该影响的行业差异性较大，当行业竞争程度较低时，行业竞争会增加企业的现金持有，在竞争程度较高的行业，行业竞争会降低企业的现金持有。此外，分位数回归的结果显示，随着企业现金持有的升高，行业竞争对现金持有的影响呈现上升的趋势。但是，行业竞争对现金持有的影响在国有企业中有所缓解，同时，总资产较大的企业也较少受到行业竞争的影响。

（3）石油价格不确定性对企业现金持有的影响是非线性的：当石油价格不确定性较低时，等待期权价值更高，企业会减少投资而增加现金持有；当石油价格不确定性较高时，成长期权的价值更高，企业会增加投资减少现金持有。此外，本研究还发现，石油价格不确定性对企业现金持有的影响会随着公司市值的提高而有所缓解，并且国有企业也会较少受到石油价格不确定性的影响。

6.2 研究展望

本书首先从宏观经济政策的角度研究了市场化发展和行业竞争对企业现金持有的影响；其次分析了市场化发展对于政治不确定性及现金持有之间关系的调节作用；最后将石油价格不确定性引入企业现金持有的研究中，并对两者的关系进行了深入的分析。本书的研究为融资约束理论、融资优序理论和实物期权理论等提供了较充分的经验证据及有益的启发，未来仍存在一些课题值得进一步深入研究。本书可以从以下方面进行扩展。

（1）本书已经对市场化发展与企业现金持有之间的关系进行了完整和细致的研究，本书的研究采用的样本包含了1999~2016年的数据。但是从中可以看出，年均的企业现金持有从2010年开始出现大幅的下滑，并且该下降趋势一直持续到2016年。可见，现金持有在2010年出现了结构性的改变，现有的企业现金持有理论无法对该变化做出合理的解释，因此，需要新的理论来解释我国企业的现金持有出现大幅下滑的原因。同时，现有文献关于我国的企业现金持有的研究中，都未考虑这个结构性转折，所选取的样本都未针对该样本区间进行区分。因此，若可以深入研究现金持有下降的原因，则可能改变现有的研究框架，对该领域的研究有着非常重要的意义。

（2）本书研究市场化发展时使用了分省份市场化指数，该指数的一个问题在于存在断层。2008年后该指标被修改了指标体系，导致形成了前后两段指数，而且两段不可比。由此带来的最大问题在于没有办法进行全样本研究。而且该指标在构建时，部分指标五年一测，导致该指数的稳健性存在疑问。因此，在之后的工作中可以尝试构建新的指标来代替该指标，使其更加稳健而且可以覆盖整个样本区间。

（3）本书所采用的主要计量手段是面板固定效应模型。选取该方法的主要原因在于，本书所研究的变量都是偏宏观的变量，可以被看成外生变量，因此，内生性问题较弱。本书也尝试通过替代关键变量的方法来缓解可能的内生性问题。但在之后的研究中也可以尝试通过计量方法的改变来改善内生性，例如系统 GMM 等计量方法。

6.3　政策建议

结合全书的研究结论，本书提出如下政策建议。

（1）市场化发展与企业的现金持有之间呈倒"U"型的关系，因此，各省份应当结合自身的市场化发展情况，做出合理的政策选择。对于市场化发展水平较低的省份来说，应避免过分追求市场机制的改革，其首要任务在于尽快建立完善的监管及惩罚机制。在相关监管机制完善后，再进一步完善法律制度、加强投资者保护、改善融资方式，从宏观政策的角度增加企业的融资渠道、降低企业的融资成本，进而减少现金持有、增加投资。同时，本书的研究还发现市场化发展的影响对国有企业并不显著，而且市场化发展的融资约束缓解效应主要作用于私营企业及中小型企业。因此，对于市场化发展水平较高的省份来说，应进一步加强国有企业混合制改革，进一步开放市场。此外，在我国的国有企业混合所有制改革的大背景下，虽然国企的预算软约束逐渐收紧，但从研究结果来看，私营企业与国有企业相比，融资能力差距仍然较大，由于国有企业融资渠道更丰富，融资能力更强，因此，市场化发展对其融资能力未产生影响，而市场化发展可以从宏观政策的层面对存在融资约束的企业起到一定的缓解作用。

（2）目前我国正在经历企业所有权改革，市场进一步开放，民营资本逐渐进入，随着市场机制的建立，大部分行业的竞争程度逐渐增强。但是，由于我国独特的经济体制，目前仍有部分行业存在大量的国有企业，存在垄断现象。因此，我国各行业间竞争程度的差异性仍然较大。本书的研究表明，不同的行业竞争水平对企业的投融资决策的影响有所不同。对竞争程度较低的行业来说，应当继续加强企业所有权改革，继续放开市场，适当增加竞争，促进企业投资。而对于竞争程度较高的行业来说，进一步开放市场和加强竞争可能导致部分后进企业出现"搭便车"的行为。因此，对这部分行业来说，在加强竞争的同时，也需要加强对专利和知识产权的进一步保护，防止后进企业的"搭便车"行为，保障创新型企业的利益。从交互效应的结果来看，国有企业的现金持有并未随着市场竞争的增强而有所差异，可见，行业竞争对国有企业的投资决策影响甚微。因此，从国有企业改革的角度看，简单地增加行业竞争无法刺激国有企业增加投资及创新，应更加重视企业内部结构的改革。

（3）由于政府的干预效应的存在，企业会降低现金持有或将其投资于固定资产，由此会产生过低投资的问题。本书的研究表明市场化发展可以有效地缓解政府的干预效应。对于存在政府腐败的省份来说，从降低政府干预效应的角度出发，一方面需要加强政府监督并加快法制建设，另一方面则是深化市场化发展的进程。同时，研究结果表明市场化发展的调节效应对于国有企业来说并不显著。由此可见，剥离国有企业的政治关联，改变国企的所有权结构显得尤为重要。由于国有企业的利润较大，较容易成为被干预的对象，只有不断的国有企业改革才能降低其被干预的可能性，进而减少国企的损失。

参 考 文 献

[1] 柴斌锋，叶彬，朱朝晖. 股东关系、现金持有水平与价值 [J]. 经济经纬，2016，33 (06)：113 - 118.

[2] 仇冬芳，马彩霞，耿成轩. 环境不确定性、融资约束与现金持有价值——来自 A 股上市公司的经验数据 [J]. 软科学，2017，31 (03)：49 - 53.

[3] 崔刚，宋思淼. 管理者过度自信与现金持有的经济效应——基于产品市场与资本市场双重角度的研究 [J]. 山西财经大学学报，2017，39 (04)：88 - 98.

[4] 蔡卫星，曾诚，胡志颖. 企业集团、货币政策与现金持有 [J]. 金融研究，2015，(02)：114 - 130.

[5] 陈艳艳，程六兵. 经济政策不确定性、高管背景与现金持有 [J]. 上海财经大学学报，2018，20 (06)：94 - 108.

[6] 窦欢，陆正飞. 大股东控制、关联存款与现金持有价值 [J]. 管理世界，2016，(05)：141 - 150 + 167.

[7] 黄冰冰，马元驹. 股权集中度对现金持有的影响路径——基于大股东占款的中介效应 [J]. 经济与管理研究，2018，39 (11)：131 - 144.

[8] 黄珍，李婉丽. 为什么零杠杆公司持有较多的现金？ [J]. 管理工程学报，2019，33 (02)：120 - 130.

[9] 侯青川，靳庆鲁，刘阳. 放松卖空管制与公司现金价值——基于中国资本市场的准自然实验 [J]. 金融研究，2016，(11)：112 - 127.

[10] 胡援成，卢凌. 机构投资者、企业融资约束与超额现金持有 [J]. 当代财经，2019，(02)：62 - 72.

[11] 姜付秀，郑晓佳，蔡文婧. 控股家族的"垂帘听政"与公司财务决策 [J]. 管理世界，2017，(03)：125 - 145.

[12] 李常青，幸伟，李茂良. 控股股东股权质押与现金持有水平："掏

空"还是"规避控制权转移风险"[J]. 财贸经济, 2018, 139 (04): 82-98.

[13] 刘慧龙, 齐云飞, 许晓芳. 金字塔层级、内部资本市场与现金持有竞争效应 [J]. 会计研究, 2019, (01): 79-85.

[14] 罗进辉, 李小荣, 向元高. 媒体报道与公司的超额现金持有水平 [J]. 管理科学学报, 2018, 21 (07): 91-112.

[15] 刘井建, 赵革新, 王健. 高管股权激励合约特征与公司现金持有——基于 PSM-DID 的识别策略 [J]. 管理评论, 2018, 30 (07): 231-244.

[16] 蒲文燕, 张洪辉. 基于融资风险的现金持有与企业技术创新投入的关系研究 [J]. 中国管理科学, 2016, 24 (05): 38-45.

[17] 秦翡. 高管学术经历、现金持有与公司业绩 [J]. 贵州财经大学学报, 2019, (04): 40-50.

[18] 钱雪松, 代禹斌, 陈琳琳, 方胜. 担保物权制度改革、融资约束与企业现金持有——基于中国《物权法》自然实验的经验证据 [J]. 会计研究, 2019, (01): 72-78.

[19] 饶品贵, 张会丽. 通货膨胀预期与企业现金持有行为 [J]. 金融研究, 2015, (01): 101-116.

[20] 吴淑娥, 仲伟周, 卫剑波, 黄振雷. 融资来源、现金持有与研发平滑——来自我国生物医药制造业的经验证据 [J]. 经济学 (季刊), 2016, 15 (02): 745-766.

[21] 王红建, 李青原, 邢斐. 经济政策不确定性、现金持有水平及其市场价值 [J]. 金融研究, 2014, (09): 53-68.

[22] 王小鲁, 樊纲, 胡李鹏. 中国分省份市场化指数报告 (2018) [M]. 北京: 社会科学文献出版社, 2019.

[23] 王勇. 客户关系与企业现金持有——来自中国转型经济的经验证据 [J]. 软科学, 2017, 31 (02): 75-78.

[24] 谢梦, 庞守林, 彭佳. 金融去杠杆背景下企业现金管理影响因素与策略研究——基于上市公司和非上市公司的实证比较 [J]. 宏观经济研究, 2017, (06): 3-12.

[25] 袁卫秋, 于成永. 宏观经济环境、会计信息质量与现金持有竞争效应 [J]. 山西财经大学学报, 2019, 41 (02): 110-124.

[26] 杨洁, 吴武清, 蔡宗武. 企业社会责任对现金持有价值的影响——

基于分位数回归模型的研究 [J]. 系统工程理论与实践，2019，39（04）：893 - 905.

[27] 杨兴全，李万利. 货币政策、外部融资依赖与现金持有创新平滑作用——基于信贷歧视和区域金融发展视角 [J]. 贵州财经大学学报，2016，（03）：40 - 53.

[28] 杨兴全，吴昊旻，曾义. 公司治理与现金持有竞争效应——基于资本投资中介效应的实证研究 [J]. 中国工业经济，2015，（01）：121 - 133.

[29] 杨兴全，尹兴强. 国企混改如何影响公司现金持有？[J]. 管理世界，2018，34（11）：93 - 107.

[30] 于泽，杜安然，钱智俊. 公司持有现金行为的理论与证据：争论和进展 [J]. 经济学动态，2014，（04）：141 - 151.

[31] 于泽，钱智俊，方庆，罗瑜. 数量管制、流动性错配和企业高额现金持有——来自上市公司的证据 [J]. 管理世界，2017，（02）：67 - 84.

[32] 甄红线，王谨乐. 机构投资者能够缓解融资约束吗？——基于现金价值的视角 [J]. 会计研究，2016，（12）：51 - 57 + 96.

[33] 郑宝红，曹丹婷. 税收规避能影响企业现金持有价值吗？[J]. 中国软科学，2018，（03）：120 - 132.

[34] 郑培培，陈少华. 管理者过度自信、内部控制与企业现金持有 [J]. 管理科学，2018，31（04）：3 - 16.

[35] Acharya V, Davydenko S A, Strebulaev I A. Cash Holdings and Credit Risk [J]. The Review of Financial Studies, 2012, 25（12）：3572 - 3609.

[36] Aghion P, Bloom N, Blundell R. Competition and Innovation: An Inverted-U Relationship [J]. Quarterly Journal of Economics, 2005, 120（2）：701 - 728.

[37] Aktas N, Louca C, Petmezas D. CEO overconfidence and the value of corporate cash holdings [J]. Journal of Corporate Finance, 2019, 54: 85 - 106.

[38] Alimov A. Product market competition and the value of corporate cash: Evidence from trade liberalization [J]. Journal of Corporate Finance, 2014, 25: 122 - 139.

[39] Alsalman Z. Oil price uncertainty and the US stock market analysis based on a GARCH-in-mean VAR model [J]. Energy Economics, 2016, 59: 251 - 260.

[40] Anderson R W, Hamadi M. Cash holding and control-oriented finance [J]. Journal of Corporate Finance, 2016, 41: 410 – 425.

[41] Ayyagari M, Demirguc-Kunt A, Maksimovic V. Formal versus informal finance: Evidence from China [J]. Review of Financial Studies, 2010, 23: 3048 – 3097.

[42] Baker S R, Nicholas B, Davis S J. Measuring Economic Policy Uncertainty [J]. Quarterly Journal of Economics, 2015, 131 (4): 1593 – 1636.

[43] Bates T W, Kahle K M, Stulz R M. Why Do U. S. Firms Hold So Much More Cash than They Used To? [J]. Journal of Finance, 2009, 64 (5): 1985 – 2021.

[44] Bernanke B S. Irreversibility, Uncertainty, and Cyclical Investment [J]. The Quarterly Journal of Economics, 1983, 98 (1): 85 – 106.

[45] Bhuiyan M B U, Hooks J. Cash holding and over-investment behavior in firms with problem directors [J]. International Review of Economics & Finance, 2019, 61: 35 – 51.

[46] Bigelli M, Sanchez-Vidal J. Cash holdings in private firms [J]. Journal of Banking & Finance, 2012, 36 (1): 26 – 35.

[47] Boubaker S, Saffar W, Sassi S. Product market competition and debt choice [J]. Journal of Corporate Finance, 2018, 49: 204 – 224.

[48] Caporale G M, Menla A F, Spagnolo N. Oil Price Uncertainty and Sectoral Stock Returns in China: A Time-Varying Approach [J]. China Economic Review, 2015, 34 (7): 311 – 321.

[49] Caprio L, Faccio M, Mcconnell J J. Sheltering Corporate Assets from Political Extraction [J]. Journal of Law Economics & Organization, 2013, 29 (2): 332 – 354.

[50] Carpenter J N, Lu F, Whitelaw R F. The Real Value of China's Stock Market [Z]. NBER Working Papers 20957, National Bureau of Economic Research, Inc, 2015.

[51] Chan K S, Dang V Q T, Li T. The evolution of corruption and development in transitional economies: Evidence from China [J]. Economic Modelling, 2019, 83.

[52] Chen C R, Li Y, Luo D. Helping hands or grabbing hands? An analy-

sis of political connections and firm value [J]. Journal of Banking & Finance, 2017, 80: 71 - 89.

[53] Chen D, Li S, Xiao J Z. The effect of government quality on corporate cash holdings [J]. Journal of Corporate Finance, 2014, 27 (341): 384 - 400.

[54] Chen S, Lin B, Lu R. Controlling shareholders' incentives and executive pay-for-performance sensitivity: Evidence from the split share structure reform in China [J]. Journal of International Financial Markets, Institutions and Money, 2015, 34: 147 - 160.

[55] Chen Y, Dou P Y, Rhee S G. National culture and corporate cash holdings around the world [J]. Journal of Banking & Finance, 2015, 50: 1 - 18.

[56] Cheung, Kong A W. Corporate social responsibility and corporate cash holdings [J]. Journal of Corporate Finance, 2016, 37: 412 - 430.

[57] Cong R G, Wei Y M, Jiao J L, Fan Y. Relationships between oil price shocks and stock market: an empirical analysis from China [J]. Energy Policy, 2008, 36 (9): 3544 - 3553.

[58] Conway P. Product Market Regulation and Competition in China [Z]. OECD Economics Department Working Papers, No. 823, OECD Publishing, 2010.

[59] Demir E, Ersan O. Economic policy uncertainty and cash holdings: Evidence from BRIC countries [J]. Emerging Markets Review, 2017, 33: 189 - 200.

[60] Desai M, Dyck A, Zingales L. Theft and taxes [J]. Journal of Financial Economics, 2007, 84: 591 - 623.

[61] Dittmar A, Mahrt-Smith J. Corporate governance and the value of cash holdings [J]. Journal of Financial Economics, 2007, 83: 599 - 634.

[62] Dittmar A, Mahrt-Smith J, Servaes H. International corporate governance and corporate cash holdings [J]. Journal of Financial and Quantitative Analysis, 2003, 38 (1): 111 - 133.

[63] Dixit A, Pindyck R. Investment under Uncertainty [M]. Princeton: Princeton University Press, 1994.

[64] Duchin R. Cash holdings and corporate diversification [J]. The Journal of Finance, 2010, 65 (3): 955 - 992.

[65] Duchin R, Sosyura D. The politics of government investment [J].

Journal of Financial Economics, 2012, 106 (1): 24 – 48.

[66] Dudley E, Zhang N. Trust and corporate cash holdings [J]. Journal of Corporate Finance, 2016, 41: 363 – 387.

[67] Elder J, Serletis A. Oil price uncertainty [J]. Journal of Money Credit & Banking, 2011, 42 (6): 1137 – 1159.

[68] Faccio M, Masulis R W, McConnell J. Political connections and corporate bailouts [J]. The Journal of Finance, 2006, 61 (6): 2597 – 2635.

[69] Fan J P H, Titman S, Twite G. An international comparison of capital structure and debt maturity choices [J]. Journal of Financial and Quantitative Analysis, 2012, 47 (01): 23 – 56.

[70] Farinha J, Mateus C, Soares N. Cash holdings and earnings quality: evidence from the Main and Alternative UK markets [J]. International Review of Financial Analysis, 2019, 56: 238 – 252.

[71] Faulkender M, Wang R. Corporate financial policy and the value of cash [J]. The Journal of Finance, 2006, 61: 1957 – 1990.

[72] Feng H, Rao P R. Cash holdings and CEO risk incentive compensation: Effect of CEO risk aversion [J]. International Review of Financial Analysis, 2018, 60: 162 – 176.

[73] Firth M, Fung P M Y, Rui O M. Ownership, two-tier board structure, and the informativeness of earnings—evidence from China [J]. Journal of Accounting and Public Policy, 2007, 26 (4): 463 – 496.

[74] Fisman R. Estimating the value of political connections [J]. American Economic Review, 2001, 91 (4): 1095 – 1102.

[75] Fresard L. Financial strength and product market behavior: the real effects of corporate cash holdings [J]. The Journal of Finance, 2010, 65 (3): 1097 – 1122.

[76] Friberg R, Seiler T. Risk and ambiguity in 10-Ks: An examination of cash holding and derivatives use [J]. Journal of Corporate Finance, 2017, 45: 608 – 631.

[77] Frye T, Shleifer A. The invisible hand and the grabbing hand [J]. American Economic Review, 1997, 87 (2): 354 – 358.

[78] Gao J, Grinstein Y, Wang W. Cash Holdings, Precautionary Motives,

and Systematic Uncertainty [Z]. Available at SSRN: https://ssrn.com/abstract = 2478349 or http://dx.doi.org/10.2139/ssrn.2478349, 2017.

[79] Gao N, Mohamed A. Cash-rich acquirers do not always make bad acquisitions: New evidence [J]. Journal of Corporate Finance, 2018, 50: 243 – 264.

[80] Geroski P A. Innovation, technological opportunity, and market structure [J]. Oxford Economic Papers, 1990, 42 (3): 586 – 602.

[81] Ghaly M, Dang V A, Stathopoulos K. Cash holdings and employee welfare [J]. Journal of Corporate Finance, 2015, 33: 53 – 70.

[82] González V M. The financial crisis and corporate debt maturity: the role of banking structure [J]. Journal of Corporate Finance, 2015, 35: 310 – 328.

[83] Gu T U S. Multinationals and cash holdings [J]. Journal of Financial Economics, 2017, 125 (2): 344 – 368.

[84] Han S, Qiu J. Corporate precautionary cash savings [J]. Journal of Corporate Finance, 2007, 13: 43 – 57.

[85] Harford J. Corporate cash reserves and acquisitions [J]. Journal of Finance, 1999, 54: 1969 – 1997.

[86] Harford J Klasa S, Maxwell W F. Refinancing risk and cash holdings [J]. The Journal of Finance, 2014, 69 (3): 975 – 1012.

[87] Harford J, Mansi S A, Maxwell W F. Corporate governance and firm cash holdings in the US [J]. Journal of Financial Economics, 2008, 87 (3): 535 – 555.

[88] Haushalter D, Klasa S, Maxwell W F. The influence of product market dynamics on a firm's cash holdings and hedging behavior [J]. Journal of Financial Economics, 2007, 84 (3): 797 – 825.

[89] He W, Kyaw N N A. Capital structure adjustment behaviors of Chinese listed companies: Evidence from the Split Share Structure Reform in China [J]. Global Finance Journal, 2018, 36: 14 – 22.

[90] He W, Mukherjee T K, Baker H K. The effect of the split share structure reform on working capital management of Chinese companies [J]. Global Finance Journal, 2017, 33: 27 – 37.

[91] He Z, Wintoki M B. The cost of innovation: R&D and high cash holdings in US firms [J]. Journal of Corporate Finance, 2016, 41: 280 – 303.

［92］He Z Z. Money held for moving stars: Talent competition and corporate cash holdings ［J］. Journal of Corporate Finance, 2018, 51: 210 – 234.

［93］Henriques I, Sadorsky P. The effect of oil price volatility on strategic investment ［J］. Energy Economics, 2011, 33 (1): 79 – 87.

［94］Hou W, Kuo J, Lee E. The impact of state ownership on share price informativeness: The case of the Split Share Structure Reform in China ［J］. The British Accounting Review, 2012, 44 (4): 248 – 261.

［95］Huang H H, Lee H H. Product market competition and credit risk ［J］. Journal of Banking & Finance, 2013, 37 (2): 324 – 340.

［96］Huang P, Guo J, Ma T, Zhang Y. Does the value of cash holdings deteriorate or improve with material weaknesses in internal control over financial reporting? ［J］. Journal of Banking & Finance, 2015, 54: 30 – 45.

［97］Huang Y, Elkinawy S, Jain P K. Investor protection and cash holdings: Evidence from US cross-listing ［J］. Journal of Banking & Finance, 2013, 37 (3): 937 – 951.

［98］Im H J, Park H, Zhao G. Uncertainty and the value of cash holdings ［J］. Economics Letters, 2017, 155: 43 – 48.

［99］Jensen M. Agency costs of free cash flow, corporate finance and takeovers ［J］. American Economic Review, 1986, 76: 323 – 329.

［100］Jian M, Wong T J. Propping through related party transactions ［J］. Review of Accounting Studies, 2010, 15 (1): 70 – 105.

［101］Jiang F, Kim K A, Nofsinger J R, Zhu B. Product market competition and corporate investment: Evidence from china ［J］. Journal of Corporate Finance, 2015, 35: 196 – 210.

［102］Jo S. The effects of oil price uncertainty on global real economic activity ［J］. Journal of Money, Credit and Banking, 2014, 46 (6): 1113 – 1135.

［103］Jones C M, Kaul G. Oil and the stock markets ［J］. The Journal of Finance, 1996, 51 (2): 29.

［104］Kalcheva I, Lins K. International evidence on cash holdings and expected managerial agency problems ［J］. Review of Financial Studies, 2007, 20: 1087 – 1112.

［105］Kang W, Ratti R A, Vespignani J L. Oil price shocks and policy uncertainty: new evidence on the effects of us and non-US oil production [J]. Energy Economics, 2017, 66: 536 - 546.

[106] Karpuz A, Kim K, Ozkan N. Employment protection laws and corporate cash holdings [J]. Journal of Banking & Finance, 2020, 111: 105705 - 105724.

[107] Kuan T H, Li C S, Liu C C. Corporate governance and cash holdings: A quantile regression approach [J]. International Review of Economics and Finance, 2012, 24: 303 - 314.

[108] Kusnadi Y, Yang Z, Zhou Y. Institutional development, state ownership, and corporate cash holdings: evidence from china [J]. Journal of Business Research, 2015, 68 (2): 351 - 359.

[109] Li H B, Meng L S, Wang Q, Zhou L A. Political connections, financing and firm performance: Evidence from Chinese private firms [J]. Journal of Development Economics, 2008, 87 (2): 283 - 299.

[110] Liu C, Uchida K, Yang Y. Controlling shareholder, split-share structure reform and cash dividend payments in China [J]. International Review of Economics & Finance, 2014, 29: 339 - 357.

[111] Liu G, Zhang C. Economic policy uncertainty and firms' investment and financing decisions in China [Z]. China Economic Review, forthcoming. https://doi.org/10.1016/j.chieco.2019.02.007, 2019.

[112] Liu M L, Ji Q, Fan Y. How does oil market uncertainty interact with other markets? An empirical analysis of implied volatility index [J]. Energy, 2013, 55: 860 - 868.

[113] Liu Q, Tian G. Controlling shareholder, expropriations and firm's leverage decision: evidence from Chinese non-tradable share reform [J]. Journal of Corporate Finance, 2012, 18 (4): 782 - 803.

[114] Liu Y, Mauer D C. Corporate cash holdings and CEO compensation incentives [J]. Journal of Financial Economics, 2011, 102: 183 - 198.

[115] Liu Y, Mauer D C, Zhang Y. Firm cash holdings and CEO inside debt [J]. Journal of Banking & Finance, 2014, 42 (1): 83 - 100.

[116] Maghyereh A I, Awartani B, Bouri E. The directional volatility connectedness between crude oil and equity markets: new evidence from implied volatility indexes [J]. Energy Economics, 2016, 57: 78 - 93.

[117] Marwick A, Hasan M M, Luo T. Organization capital and corporate cash holdings [J]. International Review of Financial Analysis, 2020, 68: 101458 – 101475.

[118] Megginson W L, Ullah B, Wei Z. State ownership, soft budget constraints, and cash holdings: Evidence from China's privatized firms [J]. Journal of Banking and Finance, 2014, 48: 276 – 291.

[119] Myers S C, Majluf N S. Corporate financing and investment decisions when firms have information that investors do not have [J]. Journal of Financial Economics, 1984, 13 (2): 187 – 221.

[120] Nickell S J. Competition and Corporate Performance [J]. Journal of Political Economy, 1996, 104: 724 – 746.

[121] Opler T, Pinkowitz L, Stulz R, Williamson, R. The determinants and implications of corporate cash holdings [J]. Journal of Financial Economics, 1999, 52 (1): 3 – 46.

[122] Ozkan A, Ozkan N. Corporate cash holdings: An empirical investigation of UK companies [J]. Journal of Banking & Finance, 2004, 28 (9): 2103 – 2134.

[123] Palazzo B. Cash holdings, risk, and expected returns [J]. Journal of Financial Economics, 2012, 104 (1): 162 – 185.

[124] Park J, Ratti R A. Oil price shocks and stock markets in the U. S. and 13 European countries [J]. Energy Economics, 2008, 30 (5): 2587 – 2608.

[125] Phan D H B, Tran V T, Nguyen D T. Crude oil price uncertainty and corporate investment: New global evidence [J]. Energy Economics, 2019, 77: 54 – 65.

[126] Phan H V, Nguyen N H, Nguyen H T, Hegde S. Policy uncertainty and firm cash holdings [J]. Journal of Business Research, 2019, 95: 71 – 82.

[127] Podolski E J, Truong C, Veeraraghavan M. Cash holdings and bond returns around takeovers [J]. International Review of Financial Analysis, 2016, 46: 1 – 11.

[128] Stulz R M. The limits of financial globalization [J]. Journal of Finance, 2005, 60 (4): 1595 – 1638.

[129] Sadorsky P. Assessing the impact of oil prices on firms of different sizes:

it's tough being in the middle [J]. Energy Policy, 2008, 36 (10): 3854 – 3861.

[130] Smit, Han T J, Trigeorgis L. Strategic Investment, Real Options and Games [M]. New Jersey: Princeton University Press, 2004.

[131] Subramaniam V, Tang T, Yue H, Zhou X. Firm structure and corporate cash holdings [J]. Journal of Corporate Finance, 2011, 17: 759 – 773.

[132] Thakur B P S, Kannadhasan M. Corruption and cash holdings: Evidence from emerging market economies [J]. Emerging Markets Review, 2019, 38: 1 – 17.

[133] Tong Z. Firm diversification and the value of corporate cash holdings [J]. Journal of Corporate Finance, 2011, 17: 741 – 758.

[134] Vo L V, Le H T T. Strategic growth option, uncertainty, and R&D investment [J]. International Review of Financial Analysis, 2017, 51: 16 – 24.

[135] Wang Q, Wong T J, Xia L. State ownership, the institutional environment, and auditor choice [J]. Journal of Accounting and Economics, 2008, 46 (1): 112 –134.

[136] Wang Y, Xiang E, Cheung A, Ruan W, Hu W. International oil price uncertainty and corporate investment: evidence from china's emerging and transition economy [J]. Energy Economics, 2017, 61: 330 – 339.

[137] Wen F, Gong X, Cai S. Forecasting the volatility of crude oil futures using HAR-type models with structural breaks [J]. Energy Economics, 2016, 59: 400 – 413.

[138] Xie J, Zhang Y. Anti-corruption, government intervention, and corporate cash holdings: Evidence from China [J]. Economic Systems, 2020, 44.

[139] Xie X, Wang Y L, Zhao G Q, Lu W. Cash holdings between public and private insurers-a partial adjustment approach [J]. Journal of Banking & Finance, 2017, 82: 80 – 97.

[140] Xu J. Profitability and capital structure: evidence from import penetration [J]. Journal of Financial Economics, 2012, 106 (2): 427 – 446.

[141] Xu N, Chen Q, Xu Y, Chan K C. Political uncertainty and cash holdings: evidence from china [J]. Journal of Corporate Finance, 2016, 40: 276 – 295.

[142] Xu P. Managerial incentives and a firm's cash flow sensitivities [J].

International Review of Economics & Finance, 2013, 27: 80 –96.

[143] Xu X, Li Y. Local corruption and corporate cash holdings: Sheltering assets or agency conflict? [J]. China Journal of Accounting Research, 2018, 11 (4): 307 –324.

[144] Zhang X, Zou M, Liu W, Liu W, Zhang Y F. Does a firm's supplier concentration affect its cash holding? [J]. Economic Modelling, 2020, 90.

致　谢

五年时间稍纵即逝，我的博士研究生学习即将结束。在博士论文即将完成之际，我首先要向我的博士导师张宗益教授表示衷心的感谢。论文的选题、研究计划的制定以及撰写过程中都凝聚了张老师的汗水和心血。张老师渊博的学识、深邃的学术思想、睿智而严密的科研思路、严谨的治学态度、忘我的敬业精神和宽厚待人的品德都潜移默化地影响了我，使我终身受益。在此向张老师致以崇高的敬意和衷心的感谢！

同时要对李春红教授表达真诚的感谢，从博士面试后的第一个电话到现在，感谢李春红教授在生活和学习上给予的帮助。感谢苏素教授、康继军教授、吴俊教授、林健怡老师在学习和科研上的指导和帮助。感谢讲授博士课程的蒲勇健老师、张捷老师、龙勇老师等，谢谢你们不辞辛劳地传道授业解惑。还要感谢密歇根州立大学经济学教授杰弗里·M.伍德里奇（Jeffrey M. Wooldridge）在计量方法上的指导。感谢经管学院的常宝龙老师、林鉴军老师、向晨茜老师等给予的指导和帮助。

感谢张翠菊师姐、邢文婷师姐、姚梅洁师姐、苏莫婷师姐、鲜孝洪师弟、樊振君师弟、易雨旸师弟在学习和生活上的交流和帮助。感谢周汉、杨琰军在学术研究上的交流和帮助。感谢刘斌、许岩、刘晗、熊兴和李泱泱在论文写作过程中给予的极大帮助。

最后，感谢重庆理工大学会计学院阎建民书记、王波院长、何雪峰院长和程平院长的无私帮助，以及重庆理工大学给予的资金支持。感谢重庆理工大学会计学院的王苓莹同学在本书校稿过程中提供的帮助。

张　翔

2022 年 8 月